「この本では、私がジェラテリアやアイスクリーム屋さんを開くなら、
ショーケースに絶対入れたいものは何かしら？と考えながら、メニューを選びました」
これは2011年に『ジェラート、アイスクリーム、シャーベット』を刊行したときのもの。

　おかげさまでみなさまにかわいがっていただき、版を重ねましたが、
発売から10年たつと、今も当時のまま作り続けているレシピがある一方で、
時代の変化や年を重ねたこともあり、手直しをしたレシピもあることに気づきます。
　そんななか「貝印」のアイスクリームメーカーが容量300㎖と小さくなったこともあり、
新しいアイスクリームメーカーに合わせてレシピの分量をすべて計量し直し、
本のサイズを大きくしてさらに見やすく、32ページ増やして新しいレシピを追加し、
『完全版』として増補改訂版をつくりました。

　あらためて見直すと、当時よいと思っていた作り方にも、気になるところがちらほら。
「もっと簡単に作ることができるんじゃない？」
「違うやり方のほうが、食材の味を引き出せるかも」
「おいしいけれど、材料が多すぎて作りにくいなあ」……。
　そこで今回、家庭のキッチンでムリなく楽しく作れることを第一に、
材料の分量だけでなく、作り方も含めて以前のレシピを見直しました。

　この本で、新たに試作を重ね、初めてご紹介するレシピは28品。
レシピに手を入れ、新たに撮影したものも合わせて全73品、
さらに充実した一冊に生まれ変わりました。
今、私が思い描くジェテリア＆アイスクリーム屋さんのベストレシピです。

　以前の本をお持ちのかたにも、
この本で初めてジェラートやアイスクリームを作ってくださるかたにも、
お役に立てますように！と祈るような気持ちで送り出します。

柳瀬久美子

CONTENTS

CHAPTER_1　牛乳で作るさっぱりジェラート

CHAPTER_2　ソースアングレーズで作るこっくりアイスクリーム

○小さじ1＝5㎖、大さじ1＝15㎖です。 ○卵はMサイズ（殻つきで58〜63g）を使っています。 ○電子レンジの加熱時間は600Wを目安にしています。500Wの場合は1.2倍してください。加熱時間は機種によって多少差があるので、様子を見て増減をしてください。 ○正味とは、皮などを除いた食べられる部分のことです。

材料のこと

ジェラート、アイスクリーム、シャーベットの基本的な材料を紹介します。
仕上がりの味わいに直結するので、できるだけ新鮮なものを使いましょう。

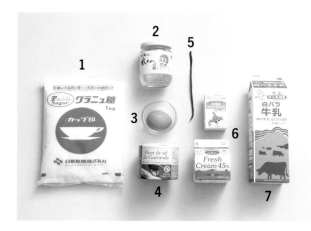

1　グラニュー糖

砂糖は基本的にグラニュー糖を使います。精製度が高く、シャーベットなどは特にすっきりとした甘さに仕上がります。上白糖（白砂糖）におきかえた場合、少し甘みが強くなります。

2　水あめ

乳脂肪分が入らないジェラートやシャーベットはジャリッとした口あたりになってしまうので、なめらかにするために、この本では水あめを加えます。

3　卵

卵黄はアイスクリームに欠かせない材料。この本では、Mサイズ（58〜63g）を使用します。余った卵白でベイクド・アラスカ（116ページ）や焼きメレンゲ（123ページ）が作れます。

4　塩

味を引きしめるために少量加えます。ぜひ、ミネラルを含んだおいしい塩を使って。精製された塩を使う場合、塩けを強く感じるので少しだけ量を減らすとよいでしょう。

5　バニラビーンズ

使い方は13ページ参照。さやの中に小さな黒い種子が入っていて、さやと種子の両方に香りがあります。

※さやは捨てずにとっておきます。砂糖の保存容器に入れておくと、砂糖にバニラの香りがほんのり移ります。牛乳に入れて煮出し、ホットミルクやホットココアに使ってもおいしい！

6　生クリーム

ジェラートやアイスクリームにコクやなめらかさを加えます。植物性のものは低温だと口どけがよくないので、必ず動物性のものを使いましょう。乳脂肪分が高いほどコクがあって濃厚に、低いほどあっさりとした口あたりになります。好みで使い分けてください。

7　牛乳

ジェラートやアイスクリームのベースになる材料なので、そのまま飲んでおいしいと思うものを選んでください。

道具のこと

この本のレシピに使用する主な道具をセレクトしました。
作る前に必ずレシピに目を通し、道具をチェックしてください。

A ボウル

生地を混ぜ合わせたり、冷やしたりすると
きに使います。冷たさが伝わりやすいステ
ンレス製がおすすめ。口径18〜20cmのサイ
ズを2〜3個そろえておくと、作業しやす
すく便利です。

B こし器

生地をこしてダマをとり除いたり、粉をふ
るったりするときに使います。ストレー
ナー、万能こし器ともいいます。ざるで代
用もできます。

C なべ

熱のあたりがやわらかい、厚手のもの（右）
がおすすめです。酸味の強いフルーツなど
を煮るときは、金けが出ないよう、ホウロ
ウ（左）や樹脂加工などのなべを使ってく
ださい。

D 木べら

ソースを煮るときなどに使います。におい
がつきやすいので料理用と兼用にせず、お
菓子作り専用のものを用意しましょう。

E ゴムべら

弾力があるので、生地を混ぜ合わせたり、
ボウルからきれいにこそげとったりすると
きに便利です。

F 泡立て器

生地を混ぜ合わせたり、泡立てたりすると
きに使います。できれば、ボウルの大きさ
に合わせて大、小を使い分けましょう。

G アイスディッシャー

持ち手のバネを使ってすくうタイプ（中央）
と、体温が伝わってすくいやすくなるタイ
プ（右）があります。スプーン（左）で代
用もできますが、曲がらないようにしっか
りしたものを使いましょう。

H 密閉容器

でき上がったジェラート、アイスクリーム、
シャーベットを流し入れて完全に冷やし固
めるために使います。この本では、でき上
がりの量に合わせて400mlのホウロウ製容
器を使用。熱伝導のいい金属製（ホウロウ
やステンレス製）がおすすめですが、プラ
スチック製でもかまいません。

アイスクリームメーカー のこと

この本では、冷凍室で冷やした保冷ポットに生地を流し込んでかくはんし、冷やし固めるタイプのアイスクリームメーカーを使用しました。説明書をよく読んで準備をしたうえで作り始めてください。また、アイスクリームメーカーがない場合は、9ページを参照して作ってください。

**KaiHouse SELECT
アイスクリームメーカー
DL5929**（貝印）

最大容量300㎖／直径約16×高さ約16.5（保冷ポットの高さ約9）cm

保冷ポット

内側の保冷液がかたよらないよう、立てた状態で冷凍室に入れます。

ふた部分とパドル

ポットにセットしてスイッチを入れると、パドルが回転します。

型のこと

アイスクリームメーカーにかけた生地は、密閉容器（7ページ）、または型に移して完全に冷やし固めます。この本で使った型をご紹介します。

シリコン型（20、30、63ページ）

抜き出すときは少し室温においてまわりをとかし、型をひっくり返しながら中身を押し出します。

アイスキャンディー型（56、90ページ）

型に流し、スティックをさして冷凍室へ。アイスキャンディー状に固まります。

パウンド型（100、101ページ）

パウンド型を使って冷やし固めれば、アイスケーキが作れます。

保存のこと

いちばんおいしいのは作りたてですが、冷凍室をあまり開閉しなければ、3週間はおいしさを保てます。何度も出し入れしたり開閉したりすると、その分風味が落ちていくので、できるだけ早く食べ切ってください。

アイスクリームメーカーがない場合

アイスクリームメーカーがなくても、同じ材料でなめらかなジェラートやアイスクリームが作れます。
ここでは、2つの方法をご紹介。家にある道具で、ぜひ作ってみてください。

※バニラミルクジェラートを例に説明しています。

〔 フードプロセッサー（またはミキサー）を使う方法 〕1～4は基本（13～14ページ）と同じ。

5

生地をバット（金属製）に
薄く流し、ラップをかけて
冷凍室で完全に凍らせる。

6

固まった生地をスケッパーで
ブロック状に切る。

7

フードプロセッサーに入れて
かくはんする。なめらかな
シェイク状になったら清潔な
密閉容器に移し、ふたをして
冷凍室で完全に凍らせる。

※初めから一気にかくはんせず、
少しずつ回して全体をある程度く
ずしてからかくはんしましょう。

〔 ハンドミキサー（またはハンディブレンダー）を使う方法 〕1～4は基本（13～14ページ）と同じ。

5

ボウルにラップをかけて冷
凍室に入れる。生地がふち
のほうから⅔程度固まった
らとり出す。

6

ハンドミキサーでふちから、
固まった生地をくずすように
混ぜる。

7

全体が均一な状態になったら
再び冷凍室に入れて冷やし固
める。5～6の作業をさらに
2回繰り返し、なめらかな
シェイク状になったら清潔な
密閉容器に移し、ふたをして
冷凍室で完全に凍らせる。

CHAPTER_1

GELATO

牛乳でつくる
さっぱりジェラート

アイスクリームより乳脂肪分が少なく、
さっぱりとした味わいが特徴のジェラート。
この本では材料に卵黄は使わず、
牛乳をベースにレシピを考えました。
冷凍室で冷やすとカチカチに固まりますが、
盛りつけるときにしっかり練り混ぜることで
のびがよく、なめらかな"ジェラートらしい"
質感があらわれます。
軽やかな口どけを楽しんで。

VANILLA MILK GELATO

バニラミルクジェラート

バニラと牛乳の風味を生かした、
シンプルなジェラート。
生地を作ってしっかり冷やし、
アイスクリームメーカー（または9ページの方法）で
冷やし固めるという作り方は、
すべてのジェラートの基本になります。

ジェラートの基本

材料（2〜3人分）

牛乳	200㎖
生クリーム	50㎖
グラニュー糖	35g
塩	ひとつまみ
バニラビーンズ	¼本

準備

・アイスクリームメーカーの保冷ポットは
　冷凍室で充分に冷やしておく。

※製品によって保冷時間が違うため、
　取扱説明書を参照してください。

・氷は多めに用意する。

・密閉容器は冷蔵室で冷やしておく。

作り方

〔生地を作る〕

1

バニラビーンズは、さやを
ナイフの先でしごいて種子
を出す。

2

なべに牛乳、生クリーム、
塩、1のバニラの種子、グ
ラニュー糖を入れて中火に
かける。

3

木べらで混ぜながらグラ
ニュー糖をとかし、煮立つ
直前（約90度。なべのふち
にプツプツと泡が出るくら
い）まで温めたら火からお
ろす。

※加熱には乳製品の殺菌、砂糖を
とかす、バニラの香りを引き出す
などの効果があります。

〔 生地を冷やす 〕

4

ボウルに移し、底に氷水を
あててゴムべらで混ぜなが
ら生地を冷やす。

5

生地のあら熱がとれたら、
ラップをかけて冷蔵室に入
れ、充分に冷やす。

※生地がしっかり冷えていないと、
アイスクリームメーカーにかけて
も固まらないことがあります。

〔 生地を冷やし固める 〕

6

保冷ポットを冷凍室から出
し、生地を流し入れる。

7

パドルをつけたふたをして、
電源スイッチを入れる。

8

約20分かくはんする。生地
がシェイク状に固まればOK。

※生地が固まる時間は、生地の材
料や室温などによって多少異なり
ます。ときどき様子を見て、パド
ルが止まったり逆回転をしていた
りしたら、時間内でもスイッチを
切りましょう。

※20分かくはんしても液状のま
まの場合は、9ページのいずれか
の方法で冷やし固めてください。

9

密閉容器を冷蔵室から出し、
8をゴムべらで移す。ふたを
して冷凍室に入れ、完全に
凍らせる。

※保存については8ページを参照。

盛りつけのこと

ジェラテリアのようにきれいな山形に盛りつけるコツをご紹介。
よく練ってなめらかにすることで、盛りつけやすいだけでなく、口どけがよくなります。

1

冷凍室から出したばかりの
ジェラートはかたいので、少
し室温におく。指で押すとへ
こむぐらいのかたさになった
ら、盛りつけどき。

※室温におきすぎてとけないよう
に注意して。

2

容器の外側や表面などジェ
ラートがやわらかくなってい
る部分を、内側のかたい部分
にすり込むように混ぜる。

3

全体的に芯のようなかたさ
がなくなり、のびのある状
態になるまで繰り返し練り
混ぜる。

4

器に高さを出すように盛る。

5

ディナーナイフで、下から上
へとなでるように形をととの
える。

6

でき上がり！

STRAWBERRY
GELATO

ストロベリージェラート

材料（2〜3人分）

〈ストロベリーソース〉

いちご	正味 50g
グラニュー糖	15g
コーンスターチ	小さじ ½
ディタ	小さじ2

〈ミルクジェラート〉

牛乳	200㎖
生クリーム	50㎖
グラニュー糖	35g
塩	ひとつまみ

準備

・アイスクリームメーカーの保冷ポットは
冷凍室で充分に冷やしておく。

・氷は多めに用意する。

・密閉容器は冷蔵室で冷やしておく。

ディタ

ライチのリキュール。
いちごと相性がいい、華やかな香り。
好みのリキュールで
代用してもかまいません。

作り方

1 ストロベリーソースを作る。いちごは1cm角
に切る。耐熱ボウルに入れ、グラニュー糖を
加えて混ぜる。ふんわりとラップをかけて電
子レンジで約1分加熱する。全体を混ぜて熱
ムラをとる。ディタでといたコーンスターチ
を加えて混ぜ〔a〕、再びふんわりとラップを
かけて電子レンジで約1分加熱する。

2 全体を混ぜ、ソースが透き通ればでき上がり。
白濁してとろみが足りなければ、ふんわりと
ラップをかけて電子レンジに入れ、様子を見
ながら10秒ずつ加熱する。でき上がったら
あら熱をとる。ラップをかけて冷蔵室でしっ
かり冷やす。

3 ミルクジェラートを作る。なべに牛乳、生ク
リーム、グラニュー糖、塩を入れて中火にか
ける。木べらで混ぜながらグラニュー糖をと
かし、煮立つ直前まで温める。

4 ボウルに移し、底に氷水をあててゴムべらで
混ぜながら生地を冷やす。あら熱がとれたら
ラップをかけ、冷蔵室で充分に冷やす。

5 アイスクリームメーカーに4を流し入れ、約
20分かくはんする。

6 でき上がったら密閉容器に移して2を加え、
全体をさっと混ぜてマーブル状にする〔b〕。
ふたをして、冷凍室で完全に凍らせる。

〔a〕

〔b〕

生のいちごで作ったソースならではの、フレッシュな味わい。
完全に混ぜ込まない分、いちごの風味や食感がきわ立ちます。
ソースはレンジで作るから手間いらずなのもうれしい。

TROPICAL FRUITS GELATO

トロピカルフルーツジェラート

材料（2〜3人分）

冷凍マンゴー	65g
カットパイナップル	30g
バナナ	正味100g（約1本分）
レモン果汁	小さじ1
グラニュー糖	40g
牛乳	70㎖

準備

・アイスクリームメーカーの保冷ポットは
冷凍室で充分に冷やしておく。

・氷は多めに用意する。

・密閉容器は冷蔵室で冷やしておく。

作り方

1 マンゴー、パイナップル、バナナはフードプロセッサーでピューレ状にする。

2 なべに1、レモン果汁、グラニュー糖を入れて中火にかけ、木べらで混ぜながらひと煮立ち（底からボコボコと泡が出るのが目安）させる〔a〕。グラニュー糖が完全にとけたら火からおろす。

   ※バナナの青くささをとるため、必ず煮立たせましょう。

3 牛乳を加えて混ぜ合わせる。

4 ボウルに移し、底に氷水をあててゴムべらで混ぜながら生地を冷やす。あら熱がとれたらラップをかけ、冷蔵室で充分に冷やす。

5 アイスクリームメーカーに4を流し入れ、約20分かくはんする。でき上がったら密閉容器に移してふたをし、冷凍室に入れて完全に凍らせる。

〔a〕

トロピカルフルーツの濃厚な味を生かしたジェラート。
いろいろなフルーツを使うと、まるで南国のマーケットのような香りがします。
マンゴーは冷凍、パイナップルはシロップ漬けを使うので、手軽に作れます。

COCONUT, LIME
& HONEY GELATO

ココナッツライムハニージェラート

甘い香りのココナッツに、
ライムのさわやかさとはちみつをプラスして。
食べるとき、さらにライム果汁をかけるのもおすすめ。

材料（2〜3人分）

ココナッツミルク	100㎖
はちみつ	50g
牛乳	80㎖
ライムの果汁	25㎖（約½個分）
ライムの表皮	1個分

準備

・アイスクリームメーカーの保冷ポットは
冷凍室で充分に冷やしておく。

・氷は多めに用意する。

・密閉容器は冷蔵室で冷やしておく。

・ライムは流水の下でたわしを使ってこすり洗いする。

ココナッツミルク

独特の風味がある植物性のミルク。
固まっている場合は、よく混ぜてから使う。

作り方

1　なべにココナッツミルク、はちみつ、牛乳を
入れ、中火にかけて煮立つ直前まで温める。

2　ボウルに移し、底に氷水をあててゴムべらで
混ぜながら生地を冷やす。

3　あら熱がとれたら、ライム果汁と皮のすりお
ろし（緑の部分のみ）を加えて混ぜる。ラッ
プをかけ、冷蔵室で充分に冷やす。

4　アイスクリームメーカーに3を流し入れ、約
20分かくはんする。でき上がったら密閉容
器に移してふたをし、冷凍室で完全に凍らせ
る。食べるときに、好みでローストしたココ
ナッツファインを振りかける。

※ここではアイスクリームメーカーから出したあと、
シリコン型に流し、スティックをさして冷やし固めま
した。型からの出し方は8ページを参照してください。

CALPIS & YOGURT GELATO

カルピスとヨーグルトのジェラート

夏休みの思い出みたいな甘ずっぱいカルピスに、ヨーグルトを組み合わせて。
さっぱりしているけれどコクがあって、食べ飽きない定番の味です。

材料（2～3人分）

プレーンヨーグルト	50g
乳酸菌飲料（カルピスなど）	100㎖
牛乳	150㎖

準備

・アイスクリームメーカーの保冷ポットは
冷凍室で充分に冷やしておく。

・密閉容器は冷蔵室で冷やしておく。

プレーンヨーグルト

製品によって酸味が違うので、
好みのものを選んでください。

作り方

1 ボウルにヨーグルトを入れ、泡立て器でダマ
がなくなるまで混ぜ、カルピス〔a〕、牛乳を
順に加えて混ぜる。

2 アイスクリームメーカーに1を流し入れ、約
20分かくはんする。でき上がったら密閉容
器に移してふたをし、冷凍室に入れて完全に
凍らせる。

〔a〕

MILK CHOCOLATE
& PEAR GELATO

ミルクチョコと洋梨のジェラート

材料（2〜3人分）

ミルクチョコレート（製菓用）	80g
洋梨（ピューレ用）（缶詰）	50g
洋梨（みじん切り用）（缶詰）	30g
牛乳	100ml
生クリーム	50ml
ポワール・ウィリアムス	小さじ2

準備

・アイスクリームメーカーの保冷ポットは
冷凍室で充分に冷やしておく。

・氷は多めに用意する。

・密閉容器は冷蔵室で冷やしておく。

・洋梨は缶汁をきり、
ピューレ用とみじん切り用に分けて計量する。

洋梨の缶詰

洋梨をシロップ漬けにしたもの。

ポワール・ウィリアムス

ウィリアムス種の洋梨を原料にして
つくったリキュール。なくてもOK。

作り方

1 ミルクチョコレートは刻んでボウルに入れる。

2 ピューレ用の洋梨は、ハンディブレンダーに
かけてピューレ状にする。あとから加える洋
梨はあらめのみじん切りにして、使う直前ま
で冷蔵室で冷やしておく。

3 なべに牛乳、生クリーム、洋梨のピューレを
入れ、中火にかける。煮立つ直前まで温めた
ら1のボウルに流し入れる〔a〕。

4 泡立て器で混ぜてチョコレートを完全にとか
し、全体をなめらかな状態にする〔b〕。

5 ポワール・ウィリアムスを加えて混ぜる。ボ
ウルの底に氷水をあて、ゴムべらで混ぜなが
ら生地を冷やす。

6 あら熱がとれたらラップをかけ、冷蔵室で充
分に冷やす。

7 アイスクリームメーカーに6を流し入れ、約
20分かくはんする。

8 でき上がったら、洋梨のみじん切りを加えて
ゴムべらでさっと混ぜる〔c〕。密閉容器に移
してふたをし、冷凍
室に入れて完全に凍
らせる。

※ここではビスケット
（市販品）ではさみまし
た。

〔a〕

〔b〕

〔c〕

チョコレートのジェラートは、まるでアイスクリームのようになめらか。
まろやかなミルクチョコに、相性のいい洋梨を加えたやさしい味わい。

AZUKI GELATO
あずきのジェラート

ゆであずきの風味を生かした和風なジェラートはいかが。
火にかける必要もなく、混ぜて冷やし固めるだけだからとてもかんたん。

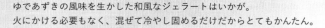

材料（2～3人分）

ゆであずき（缶詰）	80g
牛乳	100ml
生クリーム	50ml
コンデンスミルク（加糖練乳）	40g

準備
・アイスクリームメーカーの保冷ポットは
　冷凍室で充分に冷やしておく。
・密閉容器は冷蔵室で冷やしておく。

コンデンスミルク
牛乳に砂糖を加えて濃縮させたもので、長期保存が可能。
写真左の外国製は、ベトナムコーヒーなどに
使われるミルク。日本製に比べるとかなり濃厚。

作り方

1 ボウルにすべての材料を入れて泡立て器で混ぜ合わせる。

※冷え固まると甘みを感じにくくなるため、生地をなめてみて、少し甘すぎると感じるくらいがベスト。甘みが足りない場合はコンデンスミルクを足し、甘すぎる場合は牛乳か生クリームを足すとよいでしょう。

2 アイスクリームメーカーに **1** を流し入れ、約20分かくはんする。でき上がったら密閉容器に移してふたをし、冷凍室に入れて完全に凍らせる。

※ゆであずきの甘さは製品によってさまざまです。甘みが足りない場合は、
・砂糖を加える
・ゆであずきの量を増やす
・コンデンスミルクの量を増やす
のいずれかで、好みの甘さに調整を。

MATCHA & YUZU GELATO

抹茶と柚子のジェラート

抹茶のほろ苦さは控えめで、
柚子のさわやかな酸味と香りが広がります。

材料（2〜3人分）

抹茶	小さじ2
グラニュー糖	45g
牛乳	200㎖
生クリーム	50㎖
柚子の果汁	大さじ1
柚子の表皮	½個分

準備

・アイスクリームメーカーの保冷ポットは
冷凍室で充分に冷やしておく。

・氷は多めに用意する。

・密閉容器は冷蔵室で冷やしておく。

・柚子は流水の下でたわしを使ってこすり洗いする。

作り方

1 ボウルに抹茶とグラニュー糖を入れ、泡立て
器でよく混ぜ合わせる。

※抹茶などこまかい粉末に水分を加えるとダマができ
やすくなりますが、先に砂糖と合わせておくと、砂糖
の親水性でなじみやすくなります。

2 なべに牛乳と生クリームを入れて中火にか
け、煮立つ直前まで温めたら1のボウルに少
しずつ加えてグラニュー糖をとかし、抹茶の
ダマをつくらないようにときのばす。

※多少のダマは大丈夫ですが、大きなダマができた場
合はこし器でこしてください。

3 ボウルの底に氷水をあて、ゴムべらで混ぜな
がら生地を冷やす。

4 あら熱がとれたら、柚子の果汁と皮のすりお
ろし（黄色い部分のみ）を加えて混ぜる〔a〕。
ラップをかけ、冷蔵室で充分に冷やす。

5 アイスクリームメーカーに4を流し入れ、約
20分かくはんする。でき上がったら密閉容
器に移してふたをし、冷凍室で完全に凍らせ
る。

〔a〕

WHITE CHOCOLATE & LAVENDER GELATO

ホワイトチョコと
ラベンダーのジェラート

材料（2～3人分）

ホワイトチョコレート（製菓用）	80g
ドライラベンダー	小さじ 1½
熱湯	30㎖
牛乳	120㎖
生クリーム	50㎖

作り方

1　ホワイトチョコレートは刻んでボウルに入れておく。

2　なべにラベンダーと熱湯を入れ〔a〕、ふたをして約3分蒸らす。

3　牛乳と生クリームを加えて中火にかけ、煮立つ直前まで温めたら 1 のボウルに注ぐ〔b〕。

4　泡立て器で混ぜてチョコレートを完全にとかし、全体をなめらかな状態にする。

5　こし器でこし、ボウルの底に氷水をあててゴムべらで混ぜながら生地を冷やす。

6　あら熱がとれたらラップをかけ、冷蔵室で充分に冷やす。

7　アイスクリームメーカーに 6 を流し入れ、約20分かくはんする。

8　でき上がったら密閉容器に移してふたをし、冷凍室で完全に凍らせる。

〔a〕　〔b〕

南仏の強い日射しの下、石畳を歩きながら食べた思い出の味です。
時折ふわりと風に乗ってきたラベンダーの香りを、ジェラートに閉じ込めました。

DRIED FIG & RED WINE GELATO

干しいちじくと赤ワインのジェラート

材料（2〜3人分）

グラニュー糖	50g
牛乳	約80㎖
サワークリーム	85g
いちじくのコンポート（下記）	
	全量（約100g）

〈いちじくのコンポート〉

干しいちじく（ドライフィグ）	3個
赤ワイン	65㎖
水	35㎖
グラニュー糖	20g
シナモンスティック	½本

準備

・アイスクリームメーカーの保冷ポットは
冷凍室で充分に冷やしておく。

・密閉容器は冷蔵室で冷やしておく。

・干しいちじくはあらく刻む。

・1で使うボウルの重量を量っておく。

干しいちじく（ドライフィグ）

黒いちじくはかたいので、
やわらかめの白いちじくを使います。

作り方

1　いちじくのコンポートを作る。耐熱ボウルに
コンポートの材料をすべて入れ〔a〕、軽く混
ぜ合わせる。ふんわりとラップをかけて約1
分加熱する。全体を混ぜて熱ムラをとり〔b〕、
再びふんわりとラップをかけて電子レンジで
約3分加熱する。

2　ジェラートを作る。1のシナモンスティック
をとり除き、グラニュー糖を加える。ここ
で計量し、合計が230gになるように、3で
使う牛乳の量を決める（コンポート＋グラ
ニュー糖が150gの場合、牛乳は約80㎖）。

3　牛乳を加え、ハンディブレンダーでピューレ
状にする。

4　別のボウルにサワークリームを入れ、泡立て
器でなめらかになるまで混ぜる。3を少しず
つ加えながら、さらに混ぜる。ラップをかけ、
て冷蔵室で充分に冷やす。

5　アイスクリームメーカーに4を流し入れ、約
20分かくはんする。でき上がったら密閉容
器に移してふたをし、冷凍室に入れて完全に
凍らせる。

〔a〕　　　　　　　　　　〔b〕

赤ワインといちじくの凝縮された風味と、プチプチとした食感がポイント。
サワークリームでマイルドな酸味を加えて、バランスをとりました。

PUMPKIN
GELATO

かぼちゃのジェラート

鮮やかなオレンジ色がかわいいジェラート。
かぼちゃと相性のいいシナモンや
キャラメルソースをかけても。

材料（2〜3人分）

かぼちゃ	正味 75g
牛乳	180㎖
生クリーム	60㎖
グラニュー糖	40g

準備

・アイスクリームメーカーの保冷ポットは
冷凍室で充分に冷やしておく。

・氷は多めに用意する。

・密閉容器は冷蔵室で冷やしておく。

作り方

1 かぼちゃは2cm角にカットしてなべに入れ、牛乳を加えて中火にかける。煮立ったら弱火にして、かぼちゃがやわらかく煮くずれるくらいまで煮たら火からおろす。

2 マッシャーかフォークの背であらくつぶす〔a〕。

※口あたりをなめらかにしたい場合は、ハンディブレンダーなどにかけてください。

3 ポタージュ状になったら、180gを計量する。足りなければ、牛乳を加えて180gにする。

4 生クリーム、グラニュー糖とともになべに入れて中火にかけ、木べらで混ぜながらグラニュー糖をとかす。

5 煮立つ直前まで温めたら火からおろす。ボウルに移し、底に氷水をあててゴムべらで混ぜながら生地を冷やす。あら熱がとれたらラップをかけ、冷蔵室で充分に冷やす。

6 アイスクリームメーカーに5を流し入れ、約20分かくはんする。でき上がったら密閉容器に移してふたをし、冷凍室に入れて完全に凍らせる。

※ここではアイスクリームメーカーにかけてから、シリコン型で冷やし固めました。型からの出し方は8ページを参照してください。

〔a〕

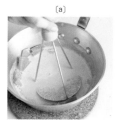

BAKED SWEET POTATO
& MAPLE SYRUP GELATO

焼きいもとメープルシロップの
ジェラート

さつまいもは低温でじっくりゆっくり焼くことが、甘みを引き出すポイント。
シルクスイート、安納いもなどの品種がおすすめです。市販の焼きいもでも OK！

材料（2〜3人分）

〈ジェラート〉

さつまいも	小1本（120g）
牛乳	120mℓ
生クリーム	50mℓ
メープルシロップ	50g

〈さつまいもチップス〉

さつまいも	適量
揚げ油	適量

準備

・アイスクリームメーカーの保冷ポットは
冷凍室で充分に冷やしておく。

・密閉容器は冷蔵室で冷やしておく。

作り方

1　さつまいもは洗って皮つきのままアルミホイルで包み、160度のオーブンで、竹串がスーッと通るくらいまで約60分焼く。

2　熱いうちに皮をむき、80gを計量する。ボウルに入れ、マッシャーかフォークの背であらくつぶす。

※口あたりをなめらかにしたい場合は、ハンディブレンダーなどにかけてください。

3　牛乳、生クリーム、メープルシロップを加えて混ぜ、ラップをかけて冷蔵室に入れて充分に冷やす。

4　アイスクリームメーカーに3を流し入れ、約20分かくはんする。でき上がったら密閉容器に移してふたをし、冷凍室で完全に凍らせる。

5　器に盛り、さつまいもチップスを添える。

さつまいもチップスの作り方

1　さつまいもは皮つきのままスライサーで薄くスライスし、たっぷりの水にさらして10分おく。

2　キッチンペーパーで水けをよくふきとり、中温（170度）に熱した揚げ油でからりと揚げる。油をきって冷ます。
※乾燥剤とともに密閉容器に入れ、常温で4〜5日保存可能。

TEA GELATO

お茶のジェラート

材料（2〜3人分）

ほうじ茶（茶葉）	大さじ 1½
熱湯	40㎖
牛乳	150㎖
生クリーム	50㎖
グラニュー糖	20g
コンデンスミルク（加糖練乳）	50g

準備

・アイスクリームメーカーの保冷ポットは
冷凍室で充分に冷やしておく。

・氷は多めに用意する。

・密閉容器は冷蔵室で冷やしておく。

お茶について

紅茶（ダージリン、フレーバーティー）や
ウーロン茶、ジャスミンティーなど、
香りのよいお茶であれば、
何を使ってもおいしく作れます。

作り方

1 なべにほうじ茶と熱湯を入れてふたをし〔a〕、
約5分蒸らして茶葉を開かせる。

※乳製品のたんぱく質は茶葉の表面をカバーしてしまうので、茶葉は最初に熱湯で蒸らし、香りをしっかりと引き出します。

2 牛乳、生クリーム、グラニュー糖、コンデンスミルクを加えて中火にかける。

3 木べらで混ぜながらグラニュー糖をとかし、煮立つ直前まで温めたら火からおろす。

4 こし器でこしながらボウルに移し〔b〕、底に氷水をあててゴムべらで混ぜながら生地を冷やす。

5 あら熱がとれたらラップをかけ、冷蔵室で充分に冷やす。

6 アイスクリームメーカーに5を流し入れ、約20分かくはんする。でき上がったら密閉容器に移してふたをし、冷凍室に入れて完全に凍らせる。

〔a〕 〔b〕

ミルクにとけ込んだほうじ茶の香ばしい風味がポイント。
コンデンスミルクでやさしい甘みをつけました。

PISTACHIO GELATO

ピスタチオジェラート

深みのあるグリーンが、目にもとても鮮やか。
香ばしくてまろやかなピスタチオの風味は、
やみつきになるおいしさ。

材料（2〜3人分）

牛乳 .... 180㎖
生クリーム .... 50㎖
グラニュー糖 30g
ピスタチオペースト（加糖タイプ）...... 40g

準備

・アイスクリームメーカーの保冷ポットは
冷凍室で充分に冷やしておく。

・氷は多めに用意する。

・密閉容器は冷蔵室で冷やしておく。

ピスタチオペースト

ローストしたピスタチオをペースト状にしたもので、
シチリア産のものが上質とされています。
製菓材料店で入手できます。

作り方

1 なべに牛乳、生クリーム、グラニュー糖を入れて中火にかける。木べらで混ぜながらグラニュー糖をとかし、煮立つ直前まで温めたら火からおろす。

2 ボウルにピスタチオペーストを入れ、1を少しずつ加えてそのつど泡立て器でよく混ぜ合わせる〔a〕。

※ピスタチオペーストをときのばすようにして、少しずつ混ぜ合わせます。脂肪分（ペースト）に水分を加えるといったんかたくなりますが、心配いりません。

3 底に氷水をあててゴムべらで混ぜながら生地を冷やす。あら熱がとれたらラップをかけ、冷蔵室で充分に冷やす。

4 アイスクリームメーカーに3を流し入れ、約20分かくはんする。でき上がったら密閉容器に移してふたをし、冷凍室に入れて完全に凍らせる。

〔a〕

SOY MILK & CANE SUGAR GELATO

豆乳ときび糖のジェラート

牛乳や生クリームのかわりに豆乳を使った、
ローカロリーのジェラート。
きび糖の素朴な甘さと、
ほんのりと香るしょうががポイント。

材料（2〜3人分）

きび糖	30g
水あめ	10g
豆乳（無調整）	230㎖
しょうがのしぼり汁	小さじ ½

準備

・アイスクリームメーカーの保冷ポットは
冷凍室で充分に冷やしておく。

・氷は多めに用意する。

・密閉容器は冷蔵室で冷やしておく。

きび糖

砂糖きびの風味を残した、
薄茶色の砂糖。

作り方

1 なべにきび糖と水あめを入れ、豆乳の半量を
加えて〔a〕中火にかける。木べらで混ぜな
がら、全体がなじむ程度に温め、火からお
ろす。

※加熱しすぎると豆乳が固まってくるので気をつけま
しょう。

2 砂糖と水あめがとけたら、残りの豆乳としょ
うがのしぼり汁を加えて混ぜる。

3 ボウルに移し、底に氷水をあててゴムべらで
混ぜながら生地を冷やす。あら熱がとれたら
ラップをかけ、冷蔵室で充分に冷やす。

4 アイスクリームメーカーに3を流し入れ、約
20分かくはんする。
でき上がったら密閉
容器に移してふたを
し、冷凍室で完全に
凍らせる。

〔a〕

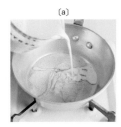

COFFEE GELATO

コーヒージェラート

材料（2～3人分）

インスタントコーヒー	小さじ2
牛乳	160㎖
生クリーム	50㎖
グラニュー糖	10g
コンデンスミルク（加糖練乳。24 ページ参照）	65g

準備

・アイスクリームメーカーの保冷ポットは
冷凍室で充分に冷やしておく。

・氷は多めに用意する。

・密閉容器は冷蔵室で冷やしておく。

作り方

1　なべにすべての材料を入れて中火にかけ、煮立つ直前まで温める〔a〕。

2　ボウルに移し、底に氷水をあててゴムべらで混ぜながら生地を冷やす。あら熱がとれたらラップをかけ、冷蔵室で充分に冷やす。

3　アイスクリームメーカーに2を流し入れ、約20分かくはんする。でき上がったら密閉容器に移してふたをし、冷凍室に入れて完全に凍らせる。

4　器に盛り、好みでコーヒーを振る。

〔a〕

コーヒーとコンデンスミルクで、ベトナムコーヒーのようなイメージに。
コンデンスミルクによって甘みやコクが変わるので、好みに合うものを選びましょう。
仕上げにコーヒーをぱらりと振って、香りと苦みをプラスするのもおすすめです。

SWEET CHOCOLATE
& CARAMEL NUTS GELATO

スイートチョコと
キャラメルナッツのジェラート

準備

・アイスクリームメーカーの保冷ポットは
冷凍室で充分に冷やしておく。

・氷は多めに用意する。

・密閉容器は冷蔵室で冷やしておく。

材料（2～3人分）

牛乳	200㎖
生クリーム	50㎖
グラニュー糖	25g
塩	ひとつまみ
スイートチョコレート（製菓用）	85g
キャラメルナッツ（122ページ）	40g

スイートチョコレート

おすすめはカカオ分55%以上のものですが、
カカオ分が高いほど甘さが控えめに感じられるので、
好みで選びましょう。

作り方

1 スイートチョコレートはこまかく刻んでボウルに入れる〔a〕。キャラメルナッツはあらく刻む。

2 なべに牛乳、生クリーム、グラニュー糖、塩を入れて中火にかける。木べらで混ぜながらグラニュー糖をとかし、煮立つ直前まで温めたら、1に一気に流し入れる。

3 泡立て器でよく混ぜ〔b〕、チョコレートを完全にとかしてなめらかな状態にする。

4 ボウルの底に氷水をあて、ゴムべらで混ぜながら生地を冷やす。あら熱がとれたらラップをかけ、冷蔵室で充分に冷やす。

5 アイスクリームメーカーに流し入れ、約20分かくはんする。

6 でき上がったら密閉容器に移してキャラメルナッツの半量を加え、ゴムべらでさっと混ぜる。残りのキャラメルナッツを表面に散らしてふたをし、冷凍室で完全に凍らせる。

〔a〕　　　　　　　　〔b〕

チョコレートの濃厚な味わいに、キャラメルナッツの香ばしさと
しっかりとした甘さがアクセントを添えます。カリカリ食感も楽しい。

MERINGUE
GELATO

メレンゲのジェラート

焼きメレンゲで甘みをつけるところがポイント。
綿あめのような、ふんわりとやさしい風味に仕上がります。

材料（2〜3人分）

牛乳	160㎖
生クリーム	80㎖
焼きメレンゲ（123ページ）	35g
塩	ひとつまみ

準備

・アイスクリームメーカーの保冷ポットは
冷凍室で充分に冷やしておく。

・密閉容器は冷蔵室で冷やしておく。

作り方

1 ボウルに牛乳、生クリーム、砕いた焼きメレンゲを入れ〔a〕、ゴムべらでさっと混ぜ合わせる。

2 アイスクリームメーカーに1を流し入れ、約20分かくはんする。

3 でき上がったら塩を加えてさっと混ぜ合わせ、密閉容器に移してふたをし、冷凍室で完全に凍らせる。

※メレンゲの風味を引き立てるために塩をきかせています。完全に生地になじませず、ところどころに感じるように最後に加えるのがポイント。

〔a〕

CHAPTER_2

ICE CREAM

ソースアングレーズで作る
こっくりアイスクリーム

ソースアングレーズは
アイスクリームやババロアのベースになる生地のこと。
この本では、バニラアイスクリームで
基本の生地2種類（リッチタイプと
卵黄や生クリームを減らしたあっさりタイプ）を紹介し、
それ以降はフレーバーに合わせて使い分けています。
最初はレシピどおりに作ってみましょう。
慣れてきたらもっとリッチに、もっとあっさりとなど、
好みで味を調整してみてください。

VANILLA ICE CREAM

バニラアイスクリーム

バニラビーンズと卵黄、
生クリームの風味を生かしたリッチなタイプと、
卵黄と生クリームを減らした
あっさりタイプをご紹介します。
どちらも、前回の本より甘さは控えめ。
また、「生クリーム＋牛乳」の全量を生クリームにすれば
もっとリッチに、すべて牛乳にすれば、
さっぱりとした軽い味わいになります。

アイスクリームの基本

材料（2〜3人分）

卵黄	2個分
グラニュー糖	35g
牛乳	100㎖
生クリーム	100㎖
バニラビーンズ	¼本

〈あっさりバニラアイスクリーム〉

基本よりも卵黄や生クリームを減らした配合です。
作り方は基本と同じです。

卵黄	1個分
グラニュー糖	25g
牛乳	150㎖
生クリーム	50㎖
バニラビーンズ	¼本

準備

・アイスクリームメーカーの保冷ポットは
冷凍室で充分に冷やしておく。
※製品によって保冷時間が違うため、
取扱説明書を参照してください。

・氷は多めに用意する。

・密閉容器は冷蔵室で冷やしておく。

・バニラビーンズは、
さやをナイフの先でしごいて種子を出す。
（13ページの手順1参照）

作り方

〔 **生地（ソースアングレーズ）を作る** 〕 ※ソースアングレーズは、フランス語でアイスクリームやババロアなどのベースになる基本的な生地のことです。

1

ボウルに卵黄とグラニュー糖を入れ、白っぽくなるまで泡立て器でしっかり混ぜ合わせる。

2

なべに牛乳、生クリーム、バニラビーンズの種子を入れて中火にかける。煮立つ直前（約90度。なべのふちにプツプツと泡が出るくらい）まで温めたら、約半量を**1**のボウルに流し入れ、手早く混ぜてグラニュー糖をとかす。

3

なべに戻して全体を混ぜ合わせる。弱火にかけ、木べらで絶えず底やなべ肌をこするように混ぜながら煮る。

※卵黄に火を通すことで殺菌効果があります。なべ底の部分は焦げたり固まったりしやすいので、不安なときはなべを火からはずし、よく混ぜてから火の上に戻しましょう。

4

全体にとろみがつき、木べらを指でなぞるとスジが残るくらいになったら、すぐ火を止める。

5

こし器でこしながらボウルに移す。

6

底に氷水をあててゴムべらで混ぜながら生地を冷やす。

〔 生地を冷やし固める 〕

7

あら熱がとれたらラップをかけて冷蔵室に入れ、充分に冷やす。

※生地がしっかり冷えていないと、アイスクリームメーカーにかけても固まらないことがあります。

8

保冷ポットを冷凍室から出し、生地を流し入れる。

9

パドルをつけたふたをして電源スイッチを入れる。約20分かくはんする。生地がシェイク状に固まればOK。

※生地が固まる時間は、生地の材料や室温などによって多少異なります。ときどき様子を見て、パドルが止まったり逆回転をしていたりしたら、時間内でもスイッチを切りましょう。

※20分かくはんしても液状のままの場合は、9ページのいずれかの方法で冷やし固めてください。

10

密閉容器を冷蔵室から出し、
9をゴムべらで移す。

11

ふたをして冷凍室に入れ、
完全に凍らせる。

※保存については8ページを参照。

盛りつけのこと

ディッシャーには2つのタイプがありますが、
まん丸な形を作るには、どちらも手前に何回か引っかくようにしてすくいます。
コーンに盛るときは、ギュッと押しつけるように。
アイスクリームが冷凍室から出したばかりでかたいときは、少し室温においてから盛りつけましょう。

体温が伝わってすくいやすく
なるタイプのディッシャー。
湯につけるなど温めてから
使うと、さらにすくいやす
い。

持ち手のバネを使ってすく
うタイプのディッシャー。軽
く水でぬらしておくと、すく
いやすい。

COOKIES & CREAM
ICE CREAM

クッキー＆クリームアイスクリーム

材料（2〜3人分）

卵黄	2個分
グラニュー糖	35g
牛乳	100㎖
生クリーム	100㎖
バニラエッセンス	適量
好みのクッキー（市販品）	30g

準備

・アイスクリームメーカーの保冷ポットは
冷凍室で充分に冷やしておく。

・氷は多めに用意する。

・密閉容器は冷蔵室で冷やしておく。

・オレオクッキーはクリームをはずしてから計量する。

クッキー

好みのものを。
ここではオレオクッキー、
ロータスビスコフを使用。

作り方

1 クッキーは手であらく割る〔a〕。

2 43〜44ページの手順1〜4を参照して、卵黄、
グラニュー糖、牛乳、生クリームでソースア
ングレーズを作る。

3 バニラエッセンスを加えて混ぜ、こし器でこ
しながらボウルに移す。

4 底に氷水をあててゴムべらで混ぜながら生地
を冷やす。あら熱がとれたらラップをかけ、
冷蔵室で充分に冷やす。

5 アイスクリームメーカーに4を流し入れ、約
20分かくはんする。でき上がったら密閉容
器に移し、1のクッキーを加えてさっと混ぜ
る〔b〕。ふたをして冷凍室に一晩以上おき、
しっかり凍らせる。

〔a〕 〔b〕

 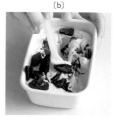

溶かけてしっかり凍らせることで、生地に混ぜたクッキーが
しっとりとやわらかくなってアイスクリームになじみ、よりおいしくなります。

SALTED CARAMEL ICE CREAM

塩キャラメルアイス

材料（2〜3人分）

グラニュー糖 A	30g
水	小さじ1
生クリーム	70㎖
牛乳	150㎖
卵黄	2個分
グラニュー糖 B	20g
塩	ひとつまみ

準備

・アイスクリームメーカーの保冷ポットは
冷凍室で充分に冷やしておく。

・氷は多めに用意する。

・密閉容器は冷蔵室で冷やしておく。

作り方

1 なべにグラニュー糖Aと水を入れて中火にかける。そのままの状態で火にかけ続け、なべ肌のほうから色づき始めたら、ときどきなべを揺すって全体を均一にする。この間に生クリームを耐熱容器に入れて電子レンジで20秒ほど加熱する。

2 濃いめのキャラメル色になったら火を止め、温めた生クリームを木べらに伝わせながら加える〔a〕。

　※ほかの材料を混ぜると薄まるので、キャラメルにしっかり色をつけるのがポイントです。

　※ジュッという音と煙が出るので気をつけて。生クリームを温めておくことで温度差が少なくなり、キャラメルがあめ状に固まるのを防げます。

3 全体のムラがなくなるまでよく混ぜ合わせ〔b〕、牛乳を加えて混ぜる。

4 ボウルに卵黄、グラニュー糖B、塩を入れ、白っぽくなるまで泡立て器で混ぜ合わせる。

5 3のなべを再び火にかけて煮立つ直前まで温め、約半量を4のボウルに流し入れる。手早く混ぜてグラニュー糖をとかす。なべに戻し、全体を混ぜながら煮る。

6 43〜44ページの手順4〜7を参照してキャラメル風味のソースアングレーズを作って冷やす。

7 アイスクリームメーカーに6を流し入れ、約20分かくはんする。でき上がったら密閉容器に移してふたをし、冷凍室に入れて完全に凍らせる。

〔a〕　　　〔b〕

塩をきかせて、コクのあるアイスクリームに仕上げました。
キャラメルの煮詰めかげんで色も風味も変わります。
牛乳や生クリームで薄まるので、少し濃いめに煮詰めるのがおすすめ。

CHERRY RIBBON
ICE CREAM

チェリーリボンアイスクリーム

材料（2〜3人分）

〈チェリーソース（作りやすい分量）〉

ダークチェリー（缶詰）	1缶（439g）
レモン果汁	1/2個分
グラニュー糖	15g
バニラビーンズ（さや）	1/4本分
マラスキーノ（または水）	大さじ2
コーンスターチ	大さじ1.5

〈バニラアイスクリーム〉

卵黄	1個分
グラニュー糖	25g
牛乳	150ml
生クリーム	50ml
バニラビーンズ（種子）	1/4本分

※チェリーソースは約1/3量を使います。残りは清潔なびんなどに入れ、冷蔵で約1週間保存可能。

準備

・アイスクリームメーカーの保冷ポットは
冷凍室で充分に冷やしておく。

・氷は多めに用意する。

・密閉容器は冷蔵室で冷やしておく。

・バニラビーンズは13ページの手順1を参照して
さや（ソース用）と種子（アイスクリーム用）に分ける。

ダークチェリー（缶詰）

ダークチェリーを
シロップ漬けにしたもの。
酸味も甘さも控えめなので、
そのまま食べてもおいしいです。

マラスキーノ

マラスカ種のチェリーを
原料とした蒸留酒。
キルシュで代用してもかまいません。

作り方

1 チェリーソースを作る。ダークチェリーはボウルにのせたこし器にあけ、実と缶汁を分ける。実は半分にカットして汁けをきっておく。

2 なべに缶汁、レモン果汁、グラニュー糖、バニラビーンズのさやを入れ、中火にかけてひと煮立ちさせる。

3 マラスキーノでといたコーンスターチを加えて〔a〕混ぜ合わせる。煮立ってとろみがついたら、チェリーの実を加えてさっと混ぜ、再び煮立ったら火からおろす。

4 バニラビーンズのさやをとり除き、容器に移す。あら熱がとれたら表面にぴったりとラップをかけ、冷蔵室で冷やす。

5 43〜44ページの手順1〜9を参照して、卵黄、グラニュー糖、牛乳、生クリーム、バニラビーンズの種子でバニラアイスクリームを作る。

6 でき上がったら、密閉容器にバニラアイスクリームとチェリーソース（4の1/3量）をスプーンで交互に入れ〔b〕、冷凍室で完全に凍らせる。

〔a〕  〔b〕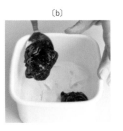

缶詰で作る手軽なチェリーソースをマーブル状に混ぜ込みました。
ダークチェリーのおだやかな酸味と、軽いバニラアイスの相性は抜群です。

LEMON
ICE CREAM

レモンアイスクリーム

材料（2～3人分）

卵	1個
グラニュー糖	50g
レモン果汁	60㎖（約1½個分）
バター（食塩不使用）	15g
レモンの表皮	½個分
生クリーム	125㎖

準備

・アイスクリームメーカーの保冷ポットは
冷凍室で充分に冷やしておく。

・氷は多めに用意する。

・密閉容器は冷蔵室で冷やしておく。

・レモンは流水の下でたわしを使ってこすり洗いする。

レモンについて

表皮を使う場合は国産レモンが安心ですが、
レモンカップには色のきれいなものを使いました。

作り方

1 ホウロウのなべ（金けの出にくいなべ）に卵、グラニュー糖を入れ、泡立て器で全体をよく混ぜ合わせる。

2 弱火にかけ、木べらで絶えず底やなべ肌をこするように混ぜながら煮る。

※最初はコシがあってどろっとしていますが、火にかけて混ぜ続けていると一度さらさらになり、再びとろみがついてきます。なべ底の部分は焦げやすいので、不安なときはなべを火からはずし、よく混ぜてから火の上に戻しましょう。

3 全体にとろみがつき、木べらで底をなぞるとスジが残るくらいになったら〔a〕、レモン果汁を加えて〔b〕混ぜる。さらに混ぜ続け、再び全体がもったりとしたクリーム状になったら火からおろす。

4 バターを加えて余熱で混ぜながらとかす。こし器でこしながらボウルに移す。

5 レモンの皮のすりおろし（黄色い部分のみ）を加えて混ぜ、底に氷水をあて、ゴムべらで混ぜながら冷やす。

6 生クリームを加えて混ぜ、アイスクリームメーカーに流し入れ、約20分かくはんする。でき上がったら密閉容器に移してふたをし、冷凍室で完全に凍らせる。

レモンカップの材料と作り方

冷凍で1カ月は色鮮やかなまま保存できます。
フルーツのシャーベットを盛りつけても素敵です。

1 レモン適量はよく洗い、へたを切り落とす。縦半分に切り、果肉と皮のつながる部分を切り離す。

2 スプーンなどで果肉をかき出し、手できれいに薄皮ごととる。
※果肉はしぼってレモン果汁として使ってください。

3 バットなどに伏せて冷凍する。保存する場合は1つずつラップで包む。

〔a〕

〔b〕

濃厚でコクがありつつキュッと酸味がきいたさわやかなアイス。
少し工程は多いけれど、本当に作ってもらいたい自信作です。
※写真はレシピの約2倍の量です。

MAPLE NUTS
ICE CREAM

メープルナッツアイスクリーム

材料（2～3人分）

卵黄 2個分
メープルシロップ 40g
グラニュー糖 10g
牛乳 100mℓ
生クリーム 100mℓ
おつまみ用ミックスナッツ（市販品）......... 35g

準備

・アイスクリームメーカーの保冷ポットは
冷凍室で充分に冷やしておく。

・氷は多めに用意する。

・密閉容器は冷蔵室で冷やしておく。

・ナッツはあらく砕いておく。

メープルシロップ

サトウカエデの樹液を煮詰めて
濃縮した、天然の甘味料。

おつまみ用ミックスナッツ

数種類のナッツをいって
塩で味つけしたもの。

作り方

1 43～44ページの手順1～7を参照して、卵黄、
メープルシロップ、グラニュー糖、牛乳、生
クリームでソースアングレーズを作って冷や
す。メープルシロップはグラニュー糖といっ
しょに加える〔a〕。

2 アイスクリームメーカーに1を流し入れ、約
20分かくはんする。でき上がったら密閉容
器に移し、ナッツをさっと混ぜる。ふたをし
て冷凍室で完全に凍らせる。

〔a〕

メープルシロップのやさしい甘みに、ナッツの塩味をきかせて。
おつまみ用のミックスナッツを使えばローストの手間もかからず手軽です。

PEACH YOGURT ICE CREAM

ピーチヨーグルトアイスクリーム

白桃のやさしい香りと甘み、ヨーグルトの酸味がさわやかです。
子どもには、リキュールを抜いて作ってあげてください。

材料（2～3人分）

白桃（缶詰）	70g
プレーンヨーグルト	40g
レモンの表皮	½ 個分
ピーチリキュール	小さじ2
卵黄	2 個分
グラニュー糖	25g
牛乳	100㎖
バニラビーンズ	¼ 本

準備

・アイスクリームメーカーの保冷ポットは
冷凍室で充分に冷やしておく。

・氷は多めに用意する。

・密閉容器は冷蔵室で冷やしておく。

・レモンは流水の下でたわしを使ってこすり洗いする。

白桃（缶詰）	**ピーチリキュール**
桃の旬は短いので、いつでも入手しやすい缶詰で作ります。良質なものを使いましょう。	桃の香りの甘いお酒。ピーチツリー、クレーム ド ペシェなどの名称があります。

作り方

1　白桃は缶汁をきり、ハンディブレンダーなどにかけてピューレ状にする。

2　ボウルに移し、ヨーグルト、レモンの皮のすりおろし（黄色い部分のみ）、ピーチリキュールを加えて混ぜ、使う直前まで冷蔵室に入れておく。

3　43 ～ 44 ページの手順 1 ～ 7 を参照して、卵黄、グラニュー糖、牛乳、バニラビーンズでソースアングレーズを作って冷やす。

4　2と3を混ぜ合わせる。

5　44 ～ 45 ページの手順 8 ～ 11 を参照して冷やし固める。

〔a〕

※ここではアイスクリームメーカーから出したあと、アイスキャンディー型に流し、スティックをさして冷やし固めました。容量 45㎖の型で、約6本できます。

EARL GREY
ICE CREAM

アールグレイアイスクリーム

あっさりとした味わいの上品なアイスクリーム。
紅茶の渋みと柑橘系の香りが、甘さを引きしめます。

材料（2〜3人分）

卵黄	1個分
グラニュー糖	30g
アールグレイ（ティーバッグ）	1個
熱湯	大さじ2
牛乳	120㎖
生クリーム	50㎖

準備

・アイスクリームメーカーの保冷ポットは
冷凍室で充分に冷やしておく。

・氷は多めに用意する。

・密閉容器は冷蔵室で冷やしておく。

アールグレイ

ベルガモットで
柑橘系の香りをつけた紅茶。

作り方

1 ボウルに卵黄とグラニュー糖を入れ、白っぽくなるまで泡立て器でしっかりと混ぜ合わせる。

2 なべにアールグレイを入れて熱湯をかけ、ふたをして1〜2分蒸らす。牛乳、生クリームを加えて〔a〕中火にかける。煮立つ直前（約90度。なべのふちにプツプツと泡が出るくらい）まで温めたら、ティーバッグをギュッとしぼってとり出す。約半量を1のボウルに流し入れ、手早く混ぜてグラニュー糖をとかす。

3 43〜44ページの手順3〜7を参照してソースアングレーズを作って冷やす。

4 アイスクリームメーカーに3を流し入れ、約20分かくはんする。でき上がったら密閉容器に移してふたをし、冷凍室で完全に凍らせる。

〔a〕

MARRON
ICE CREAM

マロンアイスクリーム

材料（2〜3人分）

卵黄	1個分
グラニュー糖	20g
牛乳	150mℓ
生クリーム	50mℓ
ラム酒	小さじ1
マロンクリームA	90g
マロンクリームB	30g

準備

・アイスクリームメーカーの保冷ポットは
冷凍室で充分に冷やしておく。

・氷は多めに用意する。

・密閉容器は冷蔵室で冷やしておく。

マロンクリーム

栗に甘みを加え、なめらかな
クリーム状にしたもの。
製品によって
甘さやかたさが異なります。

ラム酒

さとうきびからつくられる蒸留酒。
アルコール度が高く、
甘い香りが特徴です。

作り方

1 43〜44ページの手順1〜4を参照して、卵黄、グラニュー糖、牛乳、生クリームでソースアングレーズを作る。火を止めたら熱いうちにラム酒を加える。

2 ボウルにマロンクリームAを入れ、泡立て器で混ぜる。なめらかになったら1を少しずつ加え、マロンクリームのダマをつくらないようにときのばす〔a〕。こし器でこしながら別のボウルに移す。

3 底に氷水をあててゴムべらで混ぜながら生地を冷やす。あら熱がとれたらラップをかけ、冷蔵室で充分に冷やす。

4 アイスクリームメーカーに3を流し入れ、約20分かくはんする。

5 でき上がったら密閉容器に移し、マロンクリームBを点状にのせる。マーブル状になるようさっと混ぜ〔b〕、ふたをして冷凍室で完全に凍らせる。

〔a〕 　〔b〕

マロンのコクとラム酒のゆたかな香りが広がる、リッチな味わい。
生地にマロンの風味をつけて、さらにマロンクリームを加えます。
クリームは生地に完全に混ぜ込まず、マーブル状に残すことで味にリズムが生まれます。

BLACK SESAME
ICE CREAM

黒ごまアイスクリーム

ねりごまの香ばしさがたまらない、クリーミーでコクのあるアイスクリーム。
黒ごまを白ごまにかえても作れます。

材料（2〜3人分）

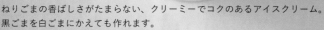

卵黄	1個分
グラニュー糖	25g
牛乳	150mℓ
生クリーム	50mℓ
ねり黒ごま（砂糖無添加）	35g

準備

・アイスクリームメーカーの保冷ポットは
冷凍室で充分に冷やしておく。

・氷は多めに用意する。

・密閉容器は冷蔵室で冷やしておく。

ねり黒ごま

黒ごまをペースト状にしたもの。
油が浮くので、よく混ぜて
均一にしてから使います。

作り方

1 43 〜 44 ページの手順 1 〜 4 を参照して、卵黄、グラニュー糖、牛乳、生クリームでソースアングレーズを作る。

2 ボウルにねりごまを入れ、1 を少しずつ加えてそのつど泡立て器でよく混ぜ合わせる〔a〕。

3 こし器でこしながら別のボウルに移し、底に氷水をあててゴムべらで混ぜながら生地を冷やす。あら熱がとれたらラップをかけ、冷蔵室で充分に冷やす。

4 アイスクリームメーカーに 3 を流し入れ、約20分かくはんする。でき上がったら密閉容器に移してふたをし、冷凍室で完全に凍らせる。

〔a〕

COFFEE & BANANA ICE CREAM

コーヒーバナナアイスクリーム

見た目は普通のコーヒーアイスなのに、口に入れるとバナナの風味が広がります。
バナナとコーヒーは意外なほど相性がいいので、ぜひ試してみてください。

材料（2〜3人分）

卵黄	1個分
グラニュー糖	25g
牛乳	100㎖
生クリーム	50㎖
インスタントコーヒー	大さじ ½
バナナ	正味50g（約½本分）

準備

・アイスクリームメーカーの保冷ポットは
冷凍室で充分に冷やしておく。

・氷は多めに用意する。

・密閉容器は冷蔵室で冷やしておく。

バナナ

バナナは若いと青くささが出るので、
必ず熟したものを使ってください。

作り方

1 43〜44ページの手順1〜4を参照して、卵黄、グラニュー糖、牛乳、生クリーム、インスタントコーヒー（加熱した牛乳、生クリームに混ぜる）でコーヒー風味のソースアングレーズを作る。

2 ボウルにバナナを入れてフォークの背でざっとつぶす（ピューレ状にしてもよい）。

3 1をこし器でこしながら2のボウルに加え〔a〕、混ぜ合わせる。底に氷水をあててゴムべらで混ぜながら生地を冷やす。あら熱がとれたらラップをかけ、冷蔵室に入れて充分に冷やす。

4 アイスクリームメーカーに3を流し入れ、約20分かくはんする。でき上がったら密閉容器に移してふたをし、冷凍室で完全に凍らせる。

〔a〕

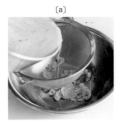

RUM RAISIN
ICE CREAM

ラムレーズンアイスクリーム

ラム酒に漬けたレーズンをたっぷりと混ぜ込んだ、大人のデザート。
そのままでもおいしいけれど、焼きたてのワッフルやパンケーキにのせると最高です。

材料（2～3人分）

ラムレーズン（市販品）	30g
卵黄	2個分
グラニュー糖	35g
牛乳	100ml
生クリーム	100ml

準備

・アイスクリームメーカーの保冷ポットは
冷凍室で充分に冷やしておく。

・氷は多めに用意する。

・密閉容器は冷蔵室で冷やしておく。

ラムレーズン

手作りする場合は清潔なびんに
レーズンを入れてひたひたのラム酒を注ぎ、
ときどき上下を返しながら
3週間以上漬け込みます。

作り方

1 ラムレーズンはキッチンペーパーで軽く水け
をきっておく。

2 43～44ページの手順1～7を参照して、卵
黄、グラニュー糖、牛乳、生クリームでソー
スアングレーズを作って冷やす。

3 アイスクリームメーカーに2を流し入れ、約
20分かくはんする。でき上がったら1のラ
ムレーズンを加えてさっと混ぜ〔a〕、密閉容
器に移してふたをし、冷凍室で完全に凍らせ
る。

※ここでは温めたワッフル（市販品）にのせました。

〔a〕

SWEET CHOCOLATE ICE CREAM

スイートチョコレートアイスクリーム

苦みのきいたチョコを使って、大人向けのアイスを作りました。
ミルクチョコレートやホワイトチョコレートでも作れます。

材料（2〜3人分）

スイートチョコレート（製菓用）	35g
卵黄	2個分
グラニュー糖	20g
牛乳	100ml
生クリーム	75ml

準備

・アイスクリームメーカーの保冷ポットは
冷凍室で充分に冷やしておく。

・氷は多めに用意する。

・密閉容器は冷蔵室で冷やしておく。

作り方

1　スイートチョコレートはこまかく刻んでおく。

2　43〜44ページの手順1〜4を参照して、卵黄、グラニュー糖、牛乳、生クリームでソースアングレーズを作る。

3　熱いうちに1のチョコレートを加えて混ぜ〔a〕、余熱でとかす。こし器でこしながらボウルに移す。

4　底に氷水をあててゴムべらで混ぜながら生地を冷やす。あら熱がとれたらラップをかけ、冷蔵室で充分に冷やす。

5　アイスクリームメーカーに4を流し入れ、約20分かくはんする。でき上がったら密閉容器に移してふたをし、冷凍室で完全に凍らせる。

※ここではアイスクリームメーカーから出したあと、シリコン型に流して冷やし固めました。型からの出し方は8ページを参照してください。

〔a〕

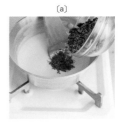

ICECRIN

アイスクリン

材料（2〜3人分）

卵	1個
グラニュー糖	30g
牛乳	200㎖
バニラエッセンス	適量

準備

・アイスクリームメーカーの保冷ポットは
冷凍室で充分に冷やしておく。

・氷は多めに用意する。

・密閉容器は冷蔵室で冷やしておく。

作り方

1　なべに卵、グラニュー糖を入れ、泡立て器で
白っぽくなるまでしっかり混ぜる。牛乳を加
え、ムラにならないようよく混ぜ合わせる。

2　弱めの中火にかけ、木べらで絶えず混ぜなが
ら温める〔a〕。グラニュー糖がとけたら火か
らおろし、バニラエッセンスを加える。

3　こし器でこしながらボウルに移し、底に氷水
をあててゴムべらで混ぜながら生地を冷や
す。あら熱がとれたらラップをかけ、冷蔵室
で充分に冷やす。

4　アイスクリームメーカーに3を流し入れ、約
20分かくはんする。でき上がったら密閉容
器に移してふたをし、冷凍室に入れて完全に
凍らせる。

〔a〕

ミルクセーキをそのままアイスにしたような、ノスタルジックでやさしい味わい。
スーッと口どけがよく、あとに残らないさっぱりとした甘みです。

CARAMELIZED APPLE CHEESE CAKE ICE CREAM

キャラメルアップル チーズケーキアイスクリーム

材料（2〜3人分）

クリームチーズ	70g
卵黄	1個分
グラニュー糖	40g
牛乳	160ml
キャラメルアップル（下記）	全量
クランブル（122ページ）	適量

〈キャラメルアップル〉

りんご	1/2個
グラニュー糖	20g
水	小さじ1
生クリーム	25ml

準備

・アイスクリームメーカーの保冷ポットは
冷凍室で充分に冷やしておく。

・氷は多めに用意する。

・密閉容器は冷蔵室で冷やしておく。

・クリームチーズは
室温にもどしてやわらかくする。

作り方

1 キャラメルアップルを作る。りんごは皮と芯をとり除き、5mm厚さのいちょう切りにする。

2 なべにグラニュー糖と水を入れて中火にかける。グラニュー糖がとけてふちのほうからキャラメル色になってきたら、木べらで全体を混ぜながら、好みの濃さに色づくまで加熱する。

※薄まるので、濃いめのキャラメル色がおすすめ。

3 好みの濃さの色になったら**1**を加え〔a〕、全体を混ぜ合わせる。キャラメルが固まったら〔b〕弱火にして、ゆっくり混ぜながらりんごがしんなりするまで煮る。

※キャラメルが固まっても、りんごから水分が出るので慌てなくても大丈夫。

4 生クリームを加えて弱めの中火にし、全体を混ぜながら、キャラメルがねっとりするまでさらに煮る。ボウルに移し、あら熱がとれたらラップをかけて冷蔵室で冷やす。

5 アイスクリームを作る。ボウルにクリームチーズを入れて泡立て器で混ぜ、なめらかな

クリーム状にする。

6 43〜44ページの手順**1**〜**4**を参照して、卵黄、グラニュー糖、牛乳でソースアングレーズを作る。

7 少しずつ**5**のボウルに加え、チーズのダマをつくらないようにときのばしていく。最初はゴムべらで練り混ぜ、なじんできたら泡立て器にかえると混ぜやすい。

8 こし器でこしながら別のボウルに移し、**4**を加えて混ぜ合わせる。

9 44〜45ページの手順**6**〜**11**を参照して冷やし固める。器に盛り、クランブルを散らす。

〔a〕 〔b〕

チーズのまろやかさ、キャラメルの濃厚な甘さ、りんごの酸味がベストバランス。
クランブルといっしょに食べると、まるでアイスチーズケーキ！

MINT CHOCOLATE CHIP ICE CREAM

チョコミントアイスクリーム

ミントリキュールで味と色をつけました。
ビターめなチョコレートを使いましたが、
マイルドなミルクチョコも合います。

材料（2〜3人分）

スイートチョコレート（製菓用）	30g
卵黄	1個分
グラニュー糖	25g
牛乳	150㎖
生クリーム	50㎖
ミントリキュール	大さじ2

準備

・アイスクリームメーカーの保冷ポットは
冷凍室で充分に冷やしておく。

・氷は多めに用意する。

・密閉容器は冷蔵室で冷やしておく。

ミントリキュール

ミントから抽出したオイルを
原料にしたリキュール。
お菓子やカクテルに多く用いられます。

作り方

1 スイートチョコレートはなるべくこまかく刻んで〔a〕冷蔵室で冷やす。

2 43〜44ページの手順1〜4を参照して、卵黄、グラニュー糖、牛乳、生クリームでソースアングレーズを作る。火を止めたら熱いうちにミントリキュールを加える。こし器でこしながら別のボウルに移す。

3 底に氷水をあててゴムべらで混ぜながら生地を冷やす。あら熱がとれたらラップをかけ、冷蔵室で充分に冷やす。

4 44ページの手順8〜9を参照して冷やし固める。でき上がったら1を加えて、ゴムべらで全体をムラなく混ぜ合わせる。

〔a〕

5 密閉容器に移してふたをし、冷凍室で完全に凍らせる。

CHAPTER_3

SHERBET

素材を味わう
なめらかシャーベット

シャーベットは、乳製品など
乳脂肪分が高い材料を使わずに作る氷菓のこと。
素材のおいしさをストレートに味わえます。
脂肪分が入っていない分
シャリシャリした口あたりになりやすいので、
水あめを加えてなめらかさを出しました。
生のフルーツだけでなく、
ドライフルーツ、ジュース、
さらにはフルーツ以外の材料でも作れます。

ORANGE SHERBET

オレンジシャーベット

オレンジジュースを使えば手軽に、生のオレンジを自分でしぼれば、
さらにおいしく作れます。ほかのジュースでアレンジしても楽しい。
水あめを入れることで口あたりがなめらかに仕上がります。

※写真はレシピの約3倍の量です。

シャーベットの基本

材料（2〜3人分）

水 ⋯⋯⋯⋯⋯⋯⋯⋯⋯⋯⋯⋯ 60㎖
グラニュー糖 ⋯⋯⋯⋯⋯⋯ 25g
水あめ ⋯⋯⋯⋯⋯⋯⋯⋯⋯ 25g
オレンジジュース（果汁100％）⋯⋯⋯ 160㎖

準備

・アイスクリームメーカーの保冷ポットは
　冷凍室で充分に冷やしておく。
※製品によって保冷時間が違うため、
　取扱説明書を参照してください。

・氷は多めに用意する。

・密閉容器は冷蔵室で冷やしておく。

作り方

1 〔 生地を作る 〕

なべに水、グラニュー糖、水あめを入れて中火にかけ、煮立ったら
火からおろす。そのまま冷ましてあら熱をとる。

2

ボウルに移し、オレンジジュースを加えて〔a〕混ぜ合わせる。

3 〔 生地を冷やす 〕

ラップをかけ、冷蔵室で充分に冷やす。

※生地がしっかり冷えていないと、アイスクリームメーカーにかけても固まらな
いことがあります。

4 〔 生地を冷やし固める 〕

アイスクリームメーカーに **3** を流し入れ、約20分かくはんする。
でき上がったら密閉容器に移してふたをし、冷凍室に入れて完全に
凍らせる。

※20分かくはんしても液状のままの場合は、9ページのいずれかの方法で冷やし
固めてください。

※保存については8ページを参照。

〔a〕

MELON
SHERBET

メロンシャーベット

材料（2〜3人分）

メロン（青肉）	正味 160g
レモン果汁	小さじ2
水	60㎖
グラニュー糖	25g
水あめ	25g

準備

・アイスクリームメーカーの保冷ポットは
冷凍室で充分に冷やしておく。

・氷は多めに用意する。

・密閉容器は冷蔵室で冷やしておく。

・メロンはわたと種を捨てずにとっておく。

作り方

1　メロンはひと口大に切る。

2　ボウルなどに重ねたざるにメロンのわたと種
　　を入れ、スプーンなどでつぶすようにして果
　　汁をしぼる〔a〕。

3　メロンの果肉に2とレモン果汁を加えて〔b〕、
　　ハンディブレンダーなどでピューレ状にす
　　る。

4　なべに水、グラニュー糖、水あめを入れて中
　　火にかけ、煮立ったら火からおろす。あら熱
　　がとれたら、3のピューレに加えて混ぜ合わ
　　せる。

5　71ページの手順3〜4を参照して冷やし固
　　める。

〔a〕　　　　　　　〔b〕

レモン果汁を加えることで、メロンの青くささを抑えます。
青くささが気になるときは、レモン果汁を多めにしてみて。
メロンは完熟がおすすめで、赤肉など好みのものを使ってもOK。
カットメロンを使えば、さらに手軽に作れます。

MANGO
SHERBET

マンゴーシャーベット

材料（2〜3人分）

マンゴー	1個
レモン果汁	大さじ 1 $\frac{1}{2}$
水	70㎖
グラニュー糖	25g
水あめ	20g

準備

・アイスクリームメーカーの保冷ポットは
冷凍室で充分に冷やしておく。

・氷は多めに用意する。

・密閉容器は冷蔵室で冷やしておく。

マンゴー

果皮が赤いアップルマンゴーがおすすめです。
完熟のものを使ってください。

作り方

1 マンゴーは平たい種をさけて3枚にスライス
し〔a〕、皮をむいてひと口大に切り、ボウル
に入れる。種のまわりの果肉も手でにぎりつ
ぶすようにして入れ、正味170gを計量する。

2 ハンディブレンダーなどにかけてピューレ状
にし、ボウルにとり出してレモン果汁を混ぜ
る。

3 なべに水、グラニュー糖、水あめを入れて中
火にかけ、煮立ったら火からおろす。そのま
ま冷まし、あら熱がとれたら2のピューレに
加えて混ぜ合わせる。

4 ラップをかけ、冷蔵室で充分に冷やす。

5 アイスクリームメーカーに4を流し入れ、約
20分かくはんする。

6 でき上がったら密閉容器に移して〔b〕ふた
をし、冷凍室で完全に凍らせる。

〔a〕  〔b〕

フレッシュな完熟マンゴーをまるごと1個使ったシャーベット。
マンゴーならではの濃厚な風味を生かして、少量でも満足感のある味わいに仕上げました。

APRICOT KERNEL SHERBET

杏仁シャーベット

準備

・アイスクリームメーカーの保冷ポットは
冷凍室で充分に冷やしておく。

・氷は多めに用意する。

・密閉容器は冷蔵室で冷やしておく。

・豆乳はよく冷やしておく。

杏仁霜（きょうにんそう）

あんずの種子の中にある
仁をすりつぶしたもので、
アーモンドに似た甘い香りが特徴。
杏仁豆腐の材料として知られます。

アマレット

あんずの種子の仁からつくられた、
甘い香りのリキュール。

材料（2〜3人分）

杏仁霜	大さじ1
グラニュー糖	25g
水	80㎖
水あめ	35g
豆乳（無調整）	160㎖
アマレット	大さじ1

作り方

1 なべに杏仁霜、グラニュー糖を入れてさっと
混ぜ合わせる。水と水あめを加えて中火にか
け、煮立ったら弱火にして木べらで絶えず混
ぜながら〔a〕、約1分煮立たせる。

※杏仁霜などこまかい粉末に水分を加えるとダマがで
きやすくなりますが、先に砂糖を合わせておくと、砂
糖の親水性でなじみやすくなります。

2 ボウルに移し、あら熱がとれたら豆乳とアマ
レットを加えて〔b〕混ぜ合わせる。

3 71ページの手順3〜4を参照して、冷やし固
める。

4 器に盛り、好みでクコの実をのせる。

〔a〕 〔b〕

シロップを煮立たせるのは、杏仁霜に含まれるコーンスターチをきかせるため。
煮立たせることで出てくるあめのような香りが、台湾の杏仁豆腐のようで気に入っています。

DRIED APRICOT SHERBET

干しあんずのシャーベット

ドライフルーツの濃縮されたうまみを生かしたシャーベット。
あんずの酸味とコクにブランデーの香りを加え、少量でも満足の味わいです。

材料（2〜3人分）

干しあんず（ドライアプリコット）	60g
水 A	150mℓ
グラニュー糖	20g
水あめ	10g
ブランデー	小さじ2
水 B	60mℓ

準備

・アイスクリームメーカーの保冷ポットは
冷凍室で充分に冷やしておく。

・氷は多めに用意する。

・密閉容器は冷蔵室で冷やしておく。

干しあんず
（ドライアプリコット）

β-カロテンやミネラルが
豊富。色が濃く、酸味が
強いタイプ（アメリカ産）を
使ってください。

ブランデー

ぶどうを原料とした蒸留酒。
製菓用もありますが、ぜひ
香りのいいものを選んで。

作り方

1 なべに干しあんずと水 A を入れて中火にかけ、5分煮る。

2 あんずがふっくらとしてやわらかくなったらグラニュー糖と水あめを加え、ひと煮立ちしたら弱火にしてキッチンペーパーで落としぶたをして約10分煮る。火を止め、キッチンペーパーをはずしてブランデーを加えて混ぜる。そのまま冷まして味をなじませる。

3 あら熱がとれたら煮汁ごとハンディブレンダーなどにかけてピューレ状にし、ボウルにとり出して水 B と合わせる。

4 71 ページの手順 3 〜 4 を参照して冷やし固める。

KIWI FRUIT SHERBET

キウイシャーベット

暑い日やスポーツのあとにぴったりのさわやかなテイスト。
キウイは若いものだと酸味が強く、完熟を使えば甘めに仕上がります。

材料（2〜3人分）

キウイ	正味 150g（約 2 個分）
水	70㎖
グラニュー糖	35g
水あめ	30g

準備

・アイスクリームメーカーの保冷ポットは
冷凍室で充分に冷やしておく。

・氷は多めに用意する。

・密閉容器は冷蔵室で冷やしておく。

キウイ

かたいものは酸味が強いので、
室温で 1 〜 2 日追熟させてから使います。

作り方

1 キウイは輪切りにしてボウルに入れ、ハンディブレンダーなどでピューレ状にする。

※種がつぶれてしまうので、かけすぎないようにしましょう。

2 なべに水、グラニュー糖、水あめを入れて中火にかけ、煮立ったら火からおろす。そのまま冷まし、あら熱がとれたら 1 のピューレに加えて混ぜ合わせる。

3 71 ページの手順 3 〜 4 を参照して冷やし固める。

BROWN SUGAR
& GINGER SHERBET

黒糖としょうがのシャーベット

材料（2～3人分）

黒糖 ································· 20g
水 ································· 250㎖
水あめ ································· 30g
しょうがのしぼり汁 ··········· 大さじ1

準備

・アイスクリームメーカーの保冷ポットは
冷凍室で充分に冷やしておく。

・氷は多めに用意する。

・密閉容器は冷蔵室で冷やしておく。

作り方

1 なべに水、黒糖、水あめを入れて中火にかけ、
ひと煮立ちさせる〔a〕。

2 火からおろしてそのまま冷まし、あら熱がと
れたらしょうがのしぼり汁を加える〔b〕。

3 71ページの手順3～4を参照して冷やし固め
る。

4 器に盛り、好みでしょうがのせん切りをのせ
る。

〔a〕　　　　　〔b〕

冷やしあめをイメージして作ったシャーベット。
発汗作用や新陳代謝を促す作用があるしょうがを使って、
ヘルシー＆さわやかに仕上げました。

APPLE
SHERBET

りんごのシャーベット

りんごを皮ごとミキサーにかけて作りました。
果汁をギュッとしぼるから、すりりんごのような風味が生きています。

材料（2〜3人分）

りんご	1個（300g）
水	60㎖
グラニュー糖	30g
水あめ	15g
レモン果汁	½ 個分

準備

・アイスクリームメーカーの保冷ポットは
冷凍室で充分に冷やしておく。

・氷は多めに用意する。

・密閉容器は冷蔵室で冷やしておく。

・りんごは流水の下でたわしを使ってこすり洗いする。

・4で300㎖をこえた分は、
製氷皿などで凍らせましょう。

りんご

皮ごと使うので、赤いりんごだけでなく、
青いりんごで作ってもおいしいです。

作り方

1 りんごは皮つきのまま4等分のくし形切りに
して種をとり、ざく切りにして250gを計量
する。変色を防ぐために薄い塩水（分量外）
につけておく。

2 なべに水、グラニュー糖、水あめを入れて中
火にかけ、煮立ったら火からおろして冷ます。

3 りんごをざるに上げて水けをきり、フードプ
ロセッサーなどに入れてレモン果汁を加え
る。2のシロップを3〜4回に分けて加えな
がらかくはんし、ピューレ状にする。

4 ボウルにこし器をのせ、水にぬらしてかた
くしぼったガーゼ（またはさらし）を敷い
た上に3を流し入れ
る〔a〕。ガーゼを
ギュッとしぼって水
分を抽出する。300
㎖を計量する。

〔a〕

5 71ページの手順3
〜4を参照して冷や
し固める。

生クリームも卵黄も入らないのに、まるでアイスクリームのようなコクとなめらかさ。
ココアパウダーをたっぷりと使った、ほろ苦い大人の味わいです。

材料（2～3人分）

ココアパウダー（無砂糖）	40g
グラニュー糖	50g
水あめ	35g
水	250㎖

準備

・アイスクリームメーカーの保冷ポットは
冷凍室で充分に冷やしておく。

・氷は多めに用意する。

・密閉容器は冷蔵室で冷やしておく。

ココアパウダー

ピュアココアと呼ばれる無砂糖のものを使ってください。

作り方

1　ココアパウダーはふるってボウルに入れ、グ
　ラニュー糖のうち大さじ1を加えて泡立て器
　で混ぜる。

※ココアパウダーなどこまかい粉末に水分を加えると
ダマができやすくなりますが、先に砂糖と合わせてお
くと、砂糖の親水性でなじみやすくなります。

2　大きめのなべに水、残りのグラニュー糖、水
　あめを入れて中火にかけ、煮立たせる。

3　一部を1のボウルに入れ、手早く泡立て器で
　混ぜ合わせ〔a〕、なべに戻す。

4　中火にかけ、焦がさないように絶えず木べ
　らで底やなべ肌をこするように混ぜながら
　〔b〕、約10分、300㎖になるまで煮る。

※最初はさらっとしていますが、だんだん煮詰まって
くるので、焦げそうな場合はなべを火からはずし、よ
く混ぜてから火の上に戻しましょう。

5　こし器でこしながらボウルに移す。ボウルの
　底に氷水をあててゴムべらで混ぜながら生地
　を冷やす。あら熱がとれたらラップをかけ、
　冷蔵室で充分に冷やす。71ページの手順4
　を参照して冷やし固める。

RASPBERRY SHERBET

ラズベリーシャーベット

準備

・アイスクリームメーカーの保冷ポットは
　冷凍室で充分に冷やしておく。

・氷は多めに用意する。

・密閉容器は冷蔵室で冷やしておく。

・冷凍ラズベリーは室温で解凍しておく。

ラズベリー

甘ずっぱくて、真っ赤なベリー。
冷凍が便利ですが、生のものを使ってもかまいません。

材料（2〜3人分）

ラズベリー（冷凍）	200g
水	60㎖
グラニュー糖	30g
水あめ	30g

作り方

1　ラズベリーはボウルの上で裏ごしして〔a〕種をとり除き、正味150gを計量する。

　※目がこまかすぎると目詰まりするので、ざるなどを使うとよいでしょう。

2　なべに水、グラニュー糖、水あめを入れて中火にかけ、煮立ったら火からおろす。そのまま冷まし、あら熱がとれたら1のピューレに加えて混ぜ合わせる。

3　71ページの手順3〜4を参照して冷やし固める。

ラズベリー＆ミルクキューブの作り方

ラズベリーとまろやかなミルクの風味は相性抜群。
いっしょに冷やし固めると、
見た目のかわいさもアップします。

1　ラズベリーシャーベット生地を作ってアイスクリームメーカーにかけ、シリコン型（約5㎝角）8個に½の高さまで流し入れてならし、冷凍室で冷やし固める。

2　バニラミルクジェラート生地（13〜14ページ参照）を作ってアイスクリームメーカーにかけ、1の上に流して同様に冷やし固める。

　※型からの出し方は8ページを参照してください。

〔a〕

甘ずっぱさが魅力のラズベリーシャーベット。
相性抜群のミルクジェラートと組み合わせました。

AMAZAKE
SHERBET

甘酒のシャーベット
プレーン／しょうが風味／柚子風味

プレーン 材料（2〜3人分）

麹甘酒 ……………………………………… 250㎖

準備
・アイスクリームメーカーの保冷ポットは
　冷凍室で充分に冷やしておく。
・密閉容器は冷蔵室で冷やしておく。

甘酒
甘酒には米麹からつくる麹甘酒と、酒粕からつくる
酒粕甘酒があり、ここでは麹甘酒を使います。
好みの味のものを選びましょう。

作り方

1　麹甘酒は冷蔵室で充分に冷やす。

2　アイスクリームメーカーに1を流し入れ、約
　20分かくはんする。でき上がったら密閉容
　器に移してふたをし、冷凍室で完全に凍ら
　せる。

しょうが風味 材料（2〜3人分）

麹甘酒 ……………………………………… 250㎖
しょうがのしぼり汁 …………………… 小さじ2

準備
・プレーンと同じ。

作り方

1　ボウルに材料を入れて混ぜ合わせる。ラッ
　プをかけて冷蔵室で充分に冷やす。

2　プレーンの2と同様に冷やし固める。

3　器に盛り、好みでしょうがのせん切りをのせ
　る。

柚子風味 材料（2〜3人分）

麹甘酒 ……………………………………… 250㎖
柚子の表皮 ……………………………… ½個分
柚子の果汁 ……………………………… 大さじ1

準備
・プレーンと同じ。
・柚子は流水の下で
たわしを使ってこすり洗いする。

作り方

1　柚子の皮はせん切りにする〔a〕。

2　ボウルにすべての材料を入れて混ぜ合わせ
　る。ラップをかけて冷蔵室で充分に冷やす。

3　プレーンの2と同様に冷やし固める。

4　器に盛り、好みで柚子
　の皮をのせる。

〔a〕

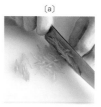

麹甘酒をアイスクリームメーカーにかけて作るシャーベット。
自然なやわらかい甘さとシャリッとした食感で、甘酒の新しいおいしさが味わえます。
ほどよい辛みのしょうが、酸味がさわやかな柚子も甘酒と相性ぴったり。

PLUM WINE SHERBET

梅酒のシャーベット

梅酒をしっかりきかせた、大人向けのシャーベット。
アルコールが入っているため、とけやすくやわらかな口あたりです。

材料（2〜3人分）

粉寒天	2g
グラニュー糖	10g
水	120mℓ
水あめ	25g
梅酒	100mℓ

準備

・アイスクリームメーカーの保冷ポットは
冷凍室で充分に冷やしておく。

・氷は多めに用意する。

・密閉容器は冷蔵室で冷やしておく。

粉寒天

寒天を粉状にしたもの。
生地になめらかさを加えて
口あたりをよくしてくれます。

作り方

1 なべに粉寒天、グラニュー糖を入れてさっと
混ぜ合わせる。水を少しずつ加え、粉寒天が
ダマにならないようにゴムべらで混ぜなが
らとかす。さらに水あめも加えて混ぜる。

※粉寒天などこまかい粉末に水分を加えるとダマがで
きやすくなりますが、先に砂糖と合わせておくと、砂
糖の親水性でなじみやすくなります。

2 中火にかけて、煮立ったらそのまま1分煮立
たせる。火からおろしてそのまま冷ます。あ
ら熱がとれたらボウルに移し、梅酒を加えて
混ぜる。

※梅酒を加熱してアルコール分を飛ばしたいときは、
1で水あめといっしょに加えます。

3 71ページの手順3
〜4を参照して冷や
し固める。

〔a〕

4 器に盛り、好みで梅
の実をのせる。

CHAPTER_4

WITHOUT
ICE CREAM MAKER

アイスクリームメーカー
なしでつくる冷たいお菓子

アイスクリームメーカーを使わずに
アイスを作る方法もあります。
この章ではフローズンヨーグルトから
カタラーナやカッサータまで、
さまざまなタイプの冷たいスイーツを紹介。
アイスキャンディー型、ファスナーつき保存袋、
パウンド型など、ごくシンプルな道具で
おいしく作れるレシピを考えました。

FROZEN FRUITS YOGURT

フローズンフルーツヨーグルト

バナナ／アボカド＆レモン／いちご

バナナ　材料（2〜3人分）	
バナナ	正味100g（約1本分）
プレーンヨーグルト	140g
はちみつ	50g
生クリーム	50mℓ

準備・型は冷蔵室で冷やしておく。

〔a〕　　　　　〔b〕

作り方

1 バナナは1cm厚さの小口切りにする。ファスナーつき保存袋に入れ、冷凍室で凍らせる〔a〕。

2 キッチンペーパーを敷いたざるをボウルに重ねて、ヨーグルトを入れる〔b〕。ラップをかけて冷蔵室に入れ、約6時間水きりをする。70gを計量する。

※時間がないときは、ヨーグルトをキッチンペーパーで包んで重しをすると30分〜1時間で水きりができます。

3 1、2、はちみつ、生クリームを合わせてフードプロセッサーなどにかけ、シェイク状にする。型に流し入れて冷凍室で完全に凍らせる。

※ここではアイスキャンディー型に流し、スティックをさして冷やし固めました。容量80mℓの型で2個できます。

※生地が余ったら、製氷皿などで凍らせましょう。

アボカド＆レモン　材料（2〜3人分）	
アボカド	1個
レモン	1個
プレーンヨーグルト	140g
はちみつ	50g
生クリーム	50mℓ

準備・型は冷蔵室で冷やしておく。

作り方

1 アボカドは皮と種を除く。レモンは白い部分まで皮をむいて薄皮と果肉の間に刃を入れ、果肉を2房とり出す（104ページの手順1参照）。それぞれ計量し、合計で100gになるようにアボカドの重量を決める。

2 アボカドは1cm角に切り、レモンはざく切りにする。ファスナーつき保存袋に入れ、冷凍室で凍らせる〔a〕。

3 バナナの2〜3を参照して生地を作り、冷やし固める。

いちご　材料（2〜3人分）	
いちご	正味100g
プレーンヨーグルト	140g
はちみつ	50g
生クリーム	50mℓ

準備・型は冷蔵室で冷やしておく。

作り方

1 いちごは縦4等分に切る。ファスナーつき保存袋に入れ、冷凍室で凍らせる〔a〕。

2 バナナの2〜3を参照して生地を作り、冷やし固める。

かんたんに作れて、フルーツの色がダイレクトに出て、楽しい気分になるアイスバーです。
フレッシュなフルーツをヨーグルトと合わせてさわやかに仕上げました。
好みのフルーツでいろいろ試してみて。

GRAPE
GRANITE

ぶどうのグラニテ

材料（2〜3人分）

ぶどうジュース（果汁100%）‥‥‥‥‥‥ 300㎖
グラニュー糖 ‥‥‥‥‥‥‥‥‥‥‥‥‥ 30g

ぶどうジュース
紫色のタイプを使いましたが、
白いものでもOK。
りんごやオレンジなど、
ほかのジュースでも作れます。

作り方

1　なべにぶどうジュースのうち¼量ほどを入れ、グラニュー糖を加えて中火にかける。木べらで混ぜながら温め、グラニュー糖が完全にとけたら火からおろして少し冷ます。

2　ファスナーつき保存袋（Lサイズ）に残りのジュースを入れ、1を加える〔a〕。

　　※保存袋がなければバットで冷やし固め、フォークなどで砕いてください。

3　天板かトレーにのせて平たくし、空気を抜いて〔b〕、ファスナーをしっかりと閉める。

4　天板ごと冷凍室に入れて完全に凍らせる。

5　食べるときに、めん棒などで軽くたたいてから〔c〕もみほぐす。

〔a〕

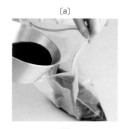

〔b〕

〔c〕

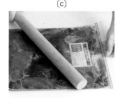

手軽に作れる、フルーツジュースを使うグラニテ。色鮮やかなグレープやオレンジ、グレープフルーツジュースなど、
好みのもので作りましょう。冷やすと甘みを感じにくくなるので、砂糖は必ず加えます。

ROSE JAM GRANITE
ローズのグラニテ

バラのジャムを使った、ロマンティックなグラニテ。
ライチリキュールを加えて、より香り高く。

材料（2～3人分）

ローズジャム	45g
水	300㎖
ディタ	小さじ2

ローズジャム	ディタ
食用のバラの花びらで作ったジャム。バイオレットジャムでも同様に作れます。	ライチのリキュール。バラの香りとよく合いますが、入れなくてもかまいません。

作り方

1 なべにローズジャム、水を入れて中火にかけ、ひと煮立ちしたら火を止める。ディタを加えて〔a〕混ぜ、そのままあら熱をとる。

2 ファスナーつき保存袋（Lサイズ）に入れ、天板かトレーにのせて平たくし、空気を抜いて、ファスナーをしっかりと閉める。

3 天板ごと冷凍室に入れて完全に凍らせる。

4 食べるときに、めん棒などで軽くたたいてからもみほぐす。

〔a〕

CIDER
GRANITE

シードルのグラニテ

シードルの炭酸がきいて、さわやかなのどごし。
お酒に弱いかたはジュースの配合を多めにしてもかまいません。

材料（2〜3人分）

グラニュー糖	20g
水	大さじ1$\frac{1}{3}$
シードル（発泡性のもの）	200㎖
アップルタイザー（またはりんごジュース）	70㎖

アップルタイザー（左）
果汁100%の
炭酸りんごジュース。
なければ、ふつうの
りんごジュースで
かまいません。

シードル（右）
りんごからつくられる
醸造酒。発泡性のものと
非発泡性のものがあります。

作り方

1 耐熱容器にグラニュー糖と水を入れ、電子レンジで約30秒加熱する。よく混ぜてグラニュー糖を完全にとかし、あら熱をとる。

2 ファスナーつき保存袋（Lサイズ）に1、シードル、アップルタイザーを入れ、天板かトレーにのせて平たくし、空気を抜いて、ファスナーをしっかり閉とめる。

3 天板ごと冷凍室に入れて完全に凍らせる。

4 食べるときにもみほぐす。

※炭酸を楽しむため、アルコール分はとばしていないので、食べすぎに気をつけてください。

※アルコールは凍りにくいので、ほかのグラニテよりもとけやすくなります。

TIRAMISU
ICE CREAM

ティラミス風アイスクリーム

材料（3人分）

〈コーヒーソース〉

インスタントコーヒー	大さじ1
熱湯	小さじ1
キャラメルソース（121ページ）	大さじ4

〈ティラミスクリーム〉

マスカルポーネ	100g
卵黄	2個分
グラニュー糖	45g
湯	大さじ2
生クリーム	100㎖
フィンガービスケット（市販品）	5〜6本
ココアパウダー（無砂糖）	適量

作り方

1　コーヒーソースを作る。小さな耐熱ボウルにインスタントコーヒー、熱湯を入れて混ぜる。キャラメルソースを加えてさらによく混ぜる。フィンガービスケットは⅓ほどの長さに折る。

2　ティラミスクリームを作る。生クリームは七、八分立てにして冷蔵室で冷やしておく。

3　ボウルにマスカルポーネを入れて泡立て器で混ぜ、なめらかなクリーム状にする。

4　耐熱ボウルに卵黄とグラニュー糖を入れ、泡立て器で白っぽくなるまでしっかり混ぜ合わせる。湯を注いで手早く混ぜ合わせ、じか火（中火）にあてて絶えず混ぜながら温める〔a〕。生地がもったりしてレモンイエローになったら火からおろす。

※焦げたり固まったりしそうになったら、火からおろして混ぜてもかまいません。余熱で温まります。

5　3のマスカルポーネを3回に分けて加え、そのつどダマにならないようよく混ぜる。

6　2の生クリームをツノがピンと立つまで泡立てて、2〜3回に分けて加え、そのつどよく混ぜる〔b〕。

7　器に適量入れて2のビスケットを2〜3かけのせ、1を適量かける〔c〕。これをもう1回繰り返して最後に6を適量のせ、冷凍室に入れてしっかり凍らせる。食べるときに、茶こしを通してココアパウダーを振る。

〔a〕

〔b〕

〔c〕

クリームとビスケットを交互に重ねた、ティラミス風のグラスデザート。
キャラメルソースを加えて作るコーヒーソースは、
冷凍室に入れても凍らず、とろりとクリーミーな食感が楽しめます。

CREMA CATALANA

カタラーナ

材料（6人分）

※ 13.5 × 8.5 ×深さ 2.5cmの耐熱皿で6個分です。

オレンジの表皮、果汁	1個分
生クリーム	300㎖
牛乳	約100㎖
卵黄	3個分
グラニュー糖	45g
コーンスターチ	15g
グランマルニエ	大さじ1

〈仕上げ用〉

グラニュー糖	適量

準備

・オレンジは流水の下でたわしを使って
こすり洗いする。

・オレンジの果汁はしぼって計量し、
合計 150㎖になるように
1 で使う牛乳の量を決める。

グランマルニエ

コニャックにビターオレンジの
エキスを加えて
熟成させたリキュール。

作り方

1 ボウルに卵黄とグラニュー糖を入れて泡立て器でよく混ぜ、白っぽくなったらコーンスターチを加えてさらに混ぜ合わせる。

2 オレンジの表皮はすりおろしてなべに入れる〔a〕。オレンジの果汁、生クリーム、牛乳を加えて中火にかけ、煮立つ直前まで温める。1 のボウルに半量を流し入れて手早く混ぜ、グラニュー糖がとけたらなべに戻す。

3 中火にかけ、木べらで絶えず底やなべ肌をこするように混ぜながら煮る。とろみがついてクリーム状になり、煮立ってふつふつと泡が出るようになったら〔b〕火からおろす。

4 グランマルニエを加えて混ぜ合わせ、器に流し入れる。表面にぴったりとラップをかけて、そのまま冷ます。あら熱がとれたら冷凍室に入れ、しっかり凍らせる。

5 食べるときに、表面にグラニュー糖を振ってガスバーナーで表面を焼く〔c〕。

※グラニュー糖をたっぷり振って焼くのがおいしさのポイント。グラニュー糖が焦げているうちは、中まで熱が通ってとける心配はありません。

〔a〕

〔b〕

〔c〕

正式名称を「クレマ・カタラーナ」という、スペイン・カタルーニャ地方の郷土菓子。
その昔、修道女たちの失敗から生まれたという説がある、おおらかなお菓子です。
パリパリに焼いた表面の砂糖をスプーンで割ると、華やかなオレンジの香りが広がります。

イタリア・シチリア地方の伝統菓子。
ナッツやドライフルーツ、チョコレートを混ぜたアイスケーキです。
ベースがリコッタチーズなので、軽やかなところもうれしい。

カッサータを抹茶と甘納豆でアレンジして、和風仕立てに。
ピーナッツの香ばしさと食感がアクセントです。

CASSATA
カッサータ

材料（4〜5人分）

※ 9 × 18 ×高さ 6 ㎝のパウンド型 1 台分です。

ヘーゼルナッツ（生）	30g
ピスタチオ（生）	15g
オレンジピール	20g
スイートチョコレート（製菓用）	30g
生クリーム	200㎖
グラニュー糖	50g
リコッタチーズ	175g
ラム酒	小さじ 2
ドライクランベリー	60g

準備

・パウンド型にオーブンペーパーを敷き込む。

リコッタチーズ

チーズの製造工程で出る
乳清（ホエイ）を加熱して固めたチーズ。
さっぱりとした味わい。

作り方

1 ヘーゼルナッツは 150 度のオーブンで 10〜15 分ローストしてあら熱をとり、あらく刻む。ピスタチオは同様に 5〜6 分ローストする。オレンジピールはあらみじんに切り、スイートチョコレートはあらく刻む。

2 ボウルに生クリームとグラニュー糖を入れ、八、九分立てにする。

3 別のボウルにリコッタチーズを入れて泡立て器で混ぜ、なめらかなクリーム状にする。**2** とラム酒を加えて混ぜ合わせ、さらに **1** とドライクランベリーを加えてゴムべらで全体をムラなく混ぜ合わせる。

4 準備をした型に流し入れて〔a〕ラップをかけ、冷凍室で 2 時間〜ひと晩冷やし固める。食べるときに切り分ける。好みでレモンをしぼったり、オリーブオイルをかけたりしても。

〔a〕

MATCHA CASSATA
抹茶のカッサータ

材料（4〜5人分）

※ 9 × 18 ×高さ 6 ㎝のパウンド型 1 台分です。

ピーナッツ（生）	50g
レモンピール	20g
グラニュー糖	50g
抹茶	15g
生クリーム	200㎖
リコッタチーズ	175g
甘納豆	40g

準備

・パウンド型にオーブンペーパーを敷き込む。

作り方

1 ピーナッツは 150 度のオーブンで 10〜15 分ローストしてあら熱をとり、あらく刻む。レモンピールはあらみじんに切る。

2 ボウルにグラニュー糖と、茶こしを通した抹茶を入れて泡立て器でよく混ぜ合わせる。生クリームを少しずつ加えながら、抹茶のダマをつくらないようにときのばす。ある程度ゆるくなったら残りの生クリームをすべて入れ、八、九分立てにする。

3 別のボウルにリコッタチーズを入れて泡立て器で混ぜ、なめらかなクリーム状にする。**2** を加えて混ぜ合わせ、さらに **1** と甘納豆を加えてゴムべらで全体をムラなく混ぜ合わせる。

4 準備をした型に流し入れてラップをかけ、冷凍室で 2 時間〜ひと晩冷やし固める。食べるときに切り分ける。

CHAPTER_5

IDEA

アイスをもっと楽しむ
いろいろアイディア

パフェやベイクド・アラスカのような
アイスデザートから、グラノーラにのせたり
レモンをしぼったりして味を変えるヒントまで、
ジェラート、アイスクリーム、シャーベットを
たっぷり楽しむアイディアを集めました。
ここにご紹介しているとおりのフレーバーや
組み合わせにしなくても、もちろんOK。
自由な発想で、新しい味わいを発見してください。
あわせてソースやトッピングも紹介します。

FRUITS PARFAIT

フルーツパフェ

材料（1人分）

パイナップルソース（119ページ）—————— 大さじ1
トロピカルフルーツジェラート（18ページ）
————————————————————— 1スクープ
バニラアイスクリーム（42ページ）—————— 1スクープ
泡立てた生クリーム（右記参照）——————— 適量

〈トッピング〉

オレンジ ————————————————— 1個
カットパイナップル ——————————— 6個
いちご ————————————————— 2個
アイスクリームコーン ————————— 1個
ローズマリー（生）———————————— 1枝

準備

生クリーム100mlは
グラニュー糖7gを加えて
七、八分立てにします。
市販のスプレータイプの
クリームを使ってもかまいません。

作り方

1　オレンジは白い部分まで皮をむき、薄皮と果
　　肉の間に刃を入れて果肉を2房とり出す〔a〕。
　　パイナップルは竹串で2個ずつ刺す〔b〕。い
　　ちごは1個はそのまま、もう1個は縦4等分
　　に切る。

2　背の高いグラス（あればパフェグラス）にパ
　　イナップルソース、バニラアイスクリーム、
　　トロピカルフルーツジェラートの順に入れ
　　る。

3　バランスを見ながら1のフルーツを盛り、ア
　　イスクリームコーンをのせる。あいている部
　　分にホイップクリームをしぼってローズマ
　　リーを添える。

〔a〕 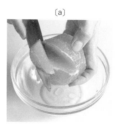　〔b〕

家でパフェが作れたら楽しい！　パイナップルソースをオレンジソース（119 ページ）にかえたり、
アイスやトッピングのフルーツを好みのものにかえたりと、自由にアレンジして楽しんで。
竹串を使うと盛りつけが決まりやすく、おすすめです。

COFFEE JELLY
& CHOCOLATE PARFAIT

コーヒーゼリーチョコレートパフェ

材料（1人分）

泡立てた生クリーム（104ページ）	適量
コーヒーゼリー（下記）	1個
スイートチョコとキャラメルナッツのジェラート	
（38ページ）	2スクープ

〈トッピング〉

キャラメルナッツ（122ページ）	適量
チョコレートファッジ（120ページ）	適量
さくらんぼのシロップ漬け	1個

〈コーヒーゼリー（3個分）〉

粉ゼラチン	8g
水	40㎖
コーヒー液（深いりのもの）	300㎖
グラニュー糖	8g

準備

コーヒー液は
フレンチローストやエスプレッソ用など
深いりのものを使うと、
ゼリーがにごらずきれいに作れます。

作り方

1 コーヒーゼリーを作る。粉ゼラチンは分量の
水でふやかしておく。

2 なべにコーヒー液、グラニュー糖を入れて中
火にかける。80度（なべのふちがふつふつ
するくらい）まで温めたら1を加えて火から
おろし、ゴムべらなどで混ぜながら余熱でと
かす。

3 耐熱の器に流し入れ〔a〕、そのまま冷ます。
あら熱がとれたら冷蔵室に入れて、約2時間
しっかり冷やし固める。

4 真ん中にスイートチョコとキャラメルナッツ
のジェラートを1スクープのせる。グラスの
ふちに沿ってホイップクリームをしぼり、も
う1スクープのせる。チョコレートファッジ
をかけてさくらんぼのせ、キャラメルナッ
ツを添える。

〔a〕

アイスクリームにゼリーを合わせると軽やかに食べられます。
なかでも大好きなのが、コーヒーゼリーと濃厚なアイスの組み合わせです。

FRAPPUCCINO

フラペチーノ

おなじみのフローズンドリンクをジェラートで作りました。
アイスクリームやシャーベットでも作れます。この分量を目安に、アレンジを楽しんで。

材料（1人分）

コーヒージェラート（36ページ）................100g
牛乳..75ml
クラッシュアイス................................大さじ3
ホイップクリーム（104ページ）................適量
キャラメルソース（121ページ）................適量

クラッシュアイス

こまかく砕いた氷のこと。
製氷皿で作る氷より粒が小さく、
飲み物などに使われます。

作り方

1 コーヒージェラート、牛乳、クラッシュアイスを、フードプロセッサーなどでムラなく混ぜる。

2 グラスに流し入れてホイップクリームをしぼり、キャラメルソースをかける。

COOKIE ICE CREAM SANDWICH
クッキーサンド

冷凍室にひと晩おくことで、クッキーがほどよく湿気を帯びてアイスになじみ食べやすくなります。
いろいろなクッキーとアイスの組み合わせを試してみて。

材料（3個分）

好みのアイス
　（ここでは**ストロベリージェラート**（16ページ）、
　メープルナッツアイスクリーム（54ページ）、
　チョコミントアイスクリーム（68ページ））
　…………………………………………… **3スクープ**
好みのクッキー ………………………………… **6枚**

クッキー

胚芽入りの素朴なクッキーがおすすめ。
甘さがほどよく、
アイスのおいしさを引き立てます。

作り方

1 クッキー1枚にアイス1スクープをのせ、クッキー1枚ではさむ。クッキーを割らないように上下から軽く押し、厚みを調整する。計3個作る。

2 1個ずつラップで包んで〔a〕冷凍室に入れ、ひと晩おく。

〔a〕

SMOOTHIE

スムージー

アイスクリン／ラズベリー

あっさり味のアイスクリンやラズベリーシャーベットにヨーグルトを加えて、
さわやかなドリンクに。とろりとやさしい口あたりです。

アイスクリン	材料（1人分）
アイスクリン（64ページ）	100g
プレーンヨーグルト	100g
牛乳	20mℓ
クラッシュアイス	大さじ1

作り方

すべての材料をフードプロセッサーなどにかけ
て、なめらかになるまで混ぜる。

ラズベリー	材料（1人分）
ラズベリーシャーベット（84ページ）	100g
プレーンヨーグルト	100g
クラッシュアイス	大さじ1

作り方

アイスクリンと同じ。

CARBONATED WATER WITH SHERBET

シャーベット入り炭酸水

シャーベットを氷がわりにして炭酸水を注ぎます。
少しずつシャーベットがとけて味のグラデーションを楽しめるので、
ストローを使わずグラスから直接飲むのがおすすめ。

材料（2杯分）

好みのシャーベット（ここではオレンジ（70 ページ）、
　黒糖としょうが（80 ページ））
　　　　　　　　　　　　　　　　　　　　　適量
炭酸水 ………………………………………………… 適量

作り方

1　シャーベットをスプーンでざっくりと大きめ
　にすくってグラスに入れる〔a〕。

2　炭酸水を注ぎ入れ
　る。好みでハーブな
　どを加えても。

〔a〕

FRENCH TOAST

フレンチトースト

材料（2人分）

卵	1個
グラニュー糖	10g
牛乳	80㎖
好みのリキュール	大さじ1
バゲット（斜めに切る）	4切れ
油（サラダ油などクセのないもの）	小さじ1強
バター	10g

〈トッピング〉

ストロベリージェラート（16ページ）	適量
いちご	適量

作り方

1 ボウルに卵とグラニュー糖を入れ、泡立て器でよく混ぜる。なじんだら、牛乳とリキュールを加えて混ぜ合わせる。

2 バットなどに移してバゲットをひたす。卵液がしみたら上下を返し、さらにおいてたっぷりとしみ込ませる〔a〕。

3 冷たいフライパンにキッチンペーパーなどで油を薄く引き、2を並べる。ふたはせずに弱火で4〜5分焼き、焼き色がついたら上下を返して3〜4分焼く。

4 火を止めてバターを加え、フライパンを揺すりながら余熱でとけたバターをバゲットにしみ込ませる。上下を返し、反対の面も同様にする。

※火を止めずに弱めの中火にしてバターを加え、少し焦がしながらバゲットにしみ込ませてもOK。より香ばしく仕上がります。

5 器に盛り、好みで粉糖を振る。ジェラートとへたをとって切ったいちごをのせる。

〔a〕

バターが香る温かいフレンチトーストに、ジェラートといちごをのせた幸せな一皿。
とけたジェラートがよいソースになります。バゲットを卵液に一晩ひたすと、さらにおいしい！

バニラアイスに熱々のあずきをかけました。それだけでもおいしいけれど、ぜひ、揚げ白玉を添えて。
外はさっくり、中はもちっとした口あたりが新鮮です。バニラミルクジェラートを使っても。

HOT CREAM ZENZAI

揚げ白玉入りクリームぜんざい

材料（4〜5人分）

白玉粉	50g
水 A	40〜50㎖
サラダ油（揚げ油）	適量
ゆであずき（缶詰）	150g
水 B	40㎖
バニラアイスクリーム（42ページ）	適量

白玉粉

もち米を加工した粉で、
こねてからゆでるのが一般的ですが、
揚げるともちっとした
食感になります。

作り方

1　白玉粉は水 A を少しずつ加えて指先でつぶしながら〔a〕耳たぶくらいのかたさにこね、直径 2㎝くらいに丸める。

　※水を一度に加えるとなめらかに混ざらないので気をつけましょう。

2　サラダ油を中温（160〜170度）に熱して **1** を揚げ、ぷくっとふくらんだら油をきる〔b〕。

3　小なべにゆであずきと水 B を入れ〔c〕、中火にかけてひと煮立ちさせる。

4　アイスクリームを器に盛り、熱々の **3** をかけ、**2** の揚げ白玉を添える。

〔a〕

〔b〕

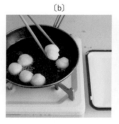

〔c〕

なぜアラスカなのかは定かではありませんが、真っ白な雪でつくった家に似ているから、という説もあります。
クッキーとアイスクリームを層にして、もっちりとしたメレンゲでおおってから焼き色をつけます。

BAKED ALASKA

ベイクド・アラスカ

材料（直径6cmのシャルロット型2個分）

オレオクッキー（市販品）	25g
バター（食塩不使用）	10g
ピスタチオジェラート（34ページ）	75g
スイートチョコレートアイスクリーム（63ページ）	
	75g

〈スイスメレンゲ〉

卵白	1個分
グラニュー糖	40g
粉糖	適量

※型はシャルロット型のほか、プリン型、ココットなどで
もかまいません。

準備

・ラップを2枚重ねにしてぴったりと型に敷き込む。

・オレオクッキーはクリームをはずしてから計量する。

・バターは耐熱容器に入れ、電子レンジで
約20秒加熱してとかす。

クッキー

今回はオレオクッキーを
使いましたが、プレーンなクッキーや
グラハムクラッカーでもOK。

アイスクリーム

好みのアイスクリームや
ジェラートを組み合わせてみてください。
シンプルに1種類で作ってもおいしい！

作り方

1 オレオクッキーは厚手のポリ袋に入れ、めん棒でたたいてこまかく砕く。ボウルに移し、とかしたバターを加えて全体がしっとりとするまでよく混ぜる。

2 スイートチョコレートアイスクリームをしばらく室温におき、少しやわらかくなったら、用意した型の半分くらいまでスプーンでしっかりと押し込む〔a〕。

3 1のクッキー生地を大さじ1くらいのせ、厚さが均一になるように押し込む〔b〕。

※凍らせるとカチカチになって食べにくいので、あまり厚くしないこと。

4 2〜3の要領で、ピスタチオジェラートと残りのクッキー生地を型のふちまでしっかりと詰める。

5 外に出ているラップで上をおおい〔c〕、ギュッと全体を押してから冷凍室で完全に凍らせる。

※このまま3〜4日保存可能。クッキー部分の風味が落ちやすいので、早めに食べましょう。

6 スイスメレンゲを作る。ボウルに卵白とグラニュー糖を入れて湯せんにかけ、絶えず泡立て器でかき混ぜながら卵白液を45度くらいまで温める〔d〕。

※熱を加えることで砂糖がしっかりとけ、卵白に火が通ります。

7 温まったら湯せんからはずし、ハンドミキサーでツノが少したれ下がるくらいのメレンゲになるまで泡立てる〔e〕。

※オーブンで焼き色をつける場合は、230度に予熱し始めます。

8 型から出してラップをはずした5をおおうように、パレットナイフかスプーンの背で7のメレンゲをラフに塗る〔f〕。

9 茶こしを通して粉糖を振り、ガスバーナーでさっと表面に焼き色をつける。ガスバーナーがなければ天板にのせ、230度のオーブンで表面に焼き色がつくまで約1分焼く。

〔a〕　　　〔b〕

〔c〕　　　〔d〕

〔e〕　　　〔f〕

ORANGE SAUCE
オレンジソース

オレンジの皮を加えて香りよく。
バニラやチョコ、柑橘系のアイスなどによく合います。

材料（作りやすい分量）

オレンジの表皮	½個分
オレンジ	2個
グラニュー糖	20g
レモン果汁	小さじ½
グランマルニエ	小さじ1
コーンスターチ	小さじ2

作り方

1 オレンジの表皮（オレンジ色の部分）は薄くそいでからせん切りにする。たっぷりの熱湯でさっと湯通しし、ざるに上げる。

2 オレンジ1個は白い部分まで皮をむき、薄皮と果肉の間に刃を入れて果肉をとり出し（104ページ）、ざく切りにする。出た果汁はボウルに入れる。薄皮はとっておく。

3 2の残った薄皮から果汁をしぼって加える。もう1個のオレンジは半分に切り、果汁をしぼる。

4 ホウロウのなべ（金けの出ないもの）に1のオレンジの表皮、3の果汁、グラニュー糖を入れて中火にかける。煮立ったら2の果肉を加える。

5 再び煮立ったら、レモン果汁とグランマルニエでといたコーンスターチを加えて混ぜる。とろみがついたら火からおろして冷ます。

6 あら熱がとれたら、冷蔵室で冷やす。
※清潔な保存容器に移し、冷蔵で約1週間保存可能。

PINEAPPLE SAUCE
パイナップルソース

パイナップルに相性抜群のローズマリーで香りづけしました。
ヨーグルトのソースにもおすすめ。

材料（作りやすい分量）

パイナップル	正味100g
水	100mℓ
ローズマリー（生）	½枝
グラニュー糖	20g
レモン果汁	小さじ½
ラム酒	小さじ1
コーンスターチ	小さじ1

作り方

1 パイナップルは1cm角に切る。

2 なべに水、ローズマリー、グラニュー糖を入れて中火にかけ、煮立ったら1のパイナップルを加える。再び煮立ったら弱火にし、キッチンペーパーで落としぶたをして3分煮る。

3 キッチンペーパーをはずして、レモン果汁とラム酒でといたコーンスターチを加えて混ぜる。とろみがついたら火からおろしてそのまま冷ます。

4 あら熱がとれたらローズマリーをとり出し、冷蔵室で冷やす。
※清潔な保存容器に移し、冷蔵で約1週間保存可能。

CHOCOLATE FUDGE

チョコレートファッジ

熱々でも冷やしてもおいしいチョコレートソース。
チョコにココアを加えることで、味や食感がさらりとします。

材料（作りやすい分量）

ココアパウダー（無砂糖）················ 12g
グラニュー糖 ····························· 5g
水 ···································· 45mℓ
コンデンスミルク（加糖練乳）············ 60g
スイートチョコレート（製菓用）·········· 10g

準備

・スイートチョコレートはあらく刻んでおく。

作り方

1 ココアパウダーはふるって小なべに入れ、グ
ラニュー糖を加えて泡立て器で混ぜ合わせ
る。水を少しずつ加え、ココアをときのばす。

※ココアなどこまかい粉末に水分を加えるとダマがで
きやすくなりますが、先に砂糖と合わせておくと、砂
糖の親水性でなじみやすくなります。

2 コンデンスミルクを加えて〔a〕混ぜ、中火
にかける。焦がさないように絶えず木べらで
底やなべ肌をこするように混ぜながら、軽く
煮詰める。

3 つやが出てなめらかになったら火を止め、
チョコレートを加えて〔b〕余熱で混ぜなが
らとかす。

※熱いままアイスにかけても、冷やしてからでもおい
しいです。

※冷めてから清潔な保存容器に移し、冷蔵で約1週間
保存可能。

〔a〕 　　〔b〕

CARAMEL SAUCE

キャラメルソース

少し苦みをきかせた大人の味わい。
さまざまなアイスにコクと風味をプラスしてくれます。

材料（作りやすい分量）

グラニュー糖	150g
水	35mℓ
熱湯	75mℓ

作り方

1 なべにグラニュー糖と水を入れて、中火にかける。

2 煮立ってなべ肌のほうから茶色く色づき始めたら、なべを揺すりながら、全体がムラなく濃い茶色になるまで煮詰める。

3 好みの色になったら火を止め、木べらに伝わせながら熱湯を注ぎ入れて〔a〕ムラなく混ぜ合わせる。

※熱湯を加えるとき、はねてやけどをしないように木べらに伝わせます。蒸気も熱いので、なべの中に手を入れないよう注意。

※清潔な保存容器に移し、常温で保存可能。雑菌さえ入らなければ長くもちます。

〔a〕

CARAMEL NUTS

キャラメルナッツ

香ばしいナッツとキャラメルは最高の相性。
トッピングにしても、アイスに混ぜ込んでも。

材料（作りやすい分量）

好みのナッツ（製菓用）	100g
グラニュー糖	100g
水	大さじ2½

※ナッツは、ここではアーモンド、カシューナッツ、くるみをミックスしました。

作り方

1　なべに水とグラニュー糖を入れて中火にかける。煮立ったらナッツを加えて木べらで混ぜる。

2　絶えず混ぜながら、火にかけ続ける。

　　※シロップが結晶化してナッツに白いころもがかかったようになりますが、混ぜるうちに再びとけてきます。

3　全体がムラなく色づきキャラメル状になったら、オーブンペーパーを敷いた天板の上に広げてそのまま冷ます。

4　固まったら、ざくざく割る。

　　※乾燥剤とともに密閉容器に入れて常温で保存可能。

CRUMBLE

クランブル

焼きたてのあつあつをのせてもおいしい。
ざくざくの食感がアイスクリームにぴったり。

材料（作りやすい分量）

きび糖	40g
薄力粉	100g
バター（食塩不使用）	50g

※好みでスパイスやハーブを加えたり、粉の一部をアーモンドパウダーや全粒粉にかえてもおいしくできます。

準備

・バターはよく冷やしておく。
・オーブンを180度に予熱する。

作り方

1　ボウルにきび糖と薄力粉を入れ、全体を混ぜ合わせる。バターを加え、カードであずき大ぐらいまでざっと刻む。

　　※カードは製菓用の道具。生地を切る、すくうなどさまざまな用途に使います。

2　指の腹でバターに粉をまぶしながら、かたまりをつぶすように混ぜる。ぽろぽろとしたそぼろ状、かつ、きゅっと握るとまとまるようになればOK。

　　※生地は保存容器に入れて冷蔵で4〜5日、またはファスナーつき保存袋に入れて冷凍で約1カ月保存できます。

3　オーブンペーパーを敷いた天板の上にぱらぱらと散らす。180度のオーブンで10〜15分、全体にこんがりと焼き色がつくまで焼く。

　　※冷凍保存した生地を使う場合、凍ったまま焼けます。

　　※乾燥剤とともに密閉容器に入れて常温で保存可能。

MERINGUE

焼きメレンゲ

口の中でシュワッととろける、軽い食感。
アイスクリーム作りで余る卵白で作れます。

材料（作りやすい分量）

卵白 .... 2個分（80g）
粉糖 150g

準備

・オーブンを130度に予熱する。

作り方

1 ボウルに卵白と粉糖のうち大さじ1を入れ、ハンドミキサーで泡立てる。

2 残りの粉糖を大さじ1ずつ加えながら全部入れ、きめのこまかいクリーミーなメレンゲになるまでにさらに泡立てる〔a〕。

　※粉糖の量が多いので、一度に加えると泡立ちません。ツノが少したれ下がるくらいになればOK。

3 好みの口金をつけたしぼり出し袋に詰め、オーブンペーパーを敷いた天板にしぼり出す〔b〕。

4 130度のオーブンで40〜60分、色をつけないように焼く。

　※口金やしぼり方は好みで。ただし、1枚の天板には同じ大きさ・形にしぼり出さないと焼きムラが出ます。太さなどにより、焼き時間も異なります。

　※乾燥剤とともに密閉容器に入れて常温で保存可能。

〔a〕　　　　　　　〔b〕

 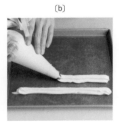

かんたん＋αアイディア

ジェラート、アイスクリーム、シャーベットに何かを＋αするだけ。
かんたんでおいしいアイディアをご紹介します。

ぜいたくなグラノーラ

グラノーラとプレーンヨーグルトを器に盛り、バニ
ラアイスクリーム（42ページ）をのせました。バニ
ラに限らず、アイスとヨーグルトの組み合わせが
大好き。アイスと接したヨーグルトが少し凍って
シャリッとした食感になったり、アイスの甘みが
ヨーグルトの酸味と水分でほどよく抑えられ、さっ
ぱりと食べられます。全体をよーく混ぜて、グラ
ノーラが少ししっとりしたら食べ頃です。

家ならではの、ぜいたくフロート

フロートは、飲み物なのにお菓子のようで、特別感があるのがいいところ。さまざまな組み合わせを、楽しみながら考えます。杏仁シャーベット（76ページ）と無調整豆乳（写真左）は、台湾で出会った杏仁豆漿（杏仁風味の豆乳）をヒントに。メロンシャーベット（72ページ）にはソーダを合わせて（右）さっぱりと。ソーダの甘さが気になるときは、炭酸水で割って好みの甘さに調節します。

お酒とアイスで大人の時間

基本的に甘いお酒は飲みませんが、ディナーのあとの長い夜、強めのお酒と少しだけの甘いものは、ディジェスティフ（食後酒）としても最高です。黒糖焼酎＋トロピカルフルーツジェラート（18ページ、写真左）は、どちらも南国の出身とあって相性ぴったり。ラム酒＋マロンアイスクリーム（58ページ、右）は香り高く、深い余韻が広がります。カクテルを作る気分であれこれ試すのは楽しいものです。

温かいパイに添えて

アイスクリームとほんのり温かいパイは、文句なしのおいしい組み合わせ。アップルパイやチェリーパイは、アイスを添えてようやく「完成」です！　ここではバニラを添えましたが、ほかのものでも。

スパイスをかけて味に変化を

スパイスと相性がいいバニラアイスクリーム。山椒、シナモン、カルダモン、こしょう、フェンネルなどを、ぱらりとかけて味の変化を楽しみます。おもしろい組み合わせを発見することもあるので、家にあるスパイスで気軽に試してみて。

柑橘の風味を加えて

ココアやチョコレート味に柑橘の風味をプラスするのが好き。なかでもお気に入りは、ココアシャーベットとレモンの組み合わせで、皮をのせ、食べるときに果汁をしぼります。ほかの柑橘類もいいのですが、レモンのように強い酸味がある柑橘だと、コントラストがはっきりします。

揚げせんべいと一緒に

バニラアイスクリームに、揚げせんべい。罪深い気分になる組み合わせですが、甘じょっぱさと歯ごたえのよさが、なんともあとを引きます。ほかのおせんべいでもおいしいけれど、ベストはやっぱりこの組み合わせ。

コントラストを楽しむ

イタリア生まれのアフォガートは、バニラアイスクリーム（ジェラート）にエスプレッソをかけたドルチェ。温かいものと冷たいもの、苦いものと甘いものを一度に口に入れる楽しさがあります。初めて食べたときには感動！でした。

ココアパウダーをたっぷりと

バニラアイスクリームに、むせかえるぐらいたっぷりとココアパウダーをかけるのもお気に入り。ココアの苦みがアイスの甘さを引き立てて、シンプルですが深い味わいのデザートになります。本当にむせないように気をつけて。

柳瀬久美子

菓子・料理研究家。国際中医薬膳師。都内洋菓子店・レストラン勤務を経て渡仏。料理学校修了後、フランスのレストランやカフェで経験を積み、フランス人家庭でフランス家庭菓子・料理を覚える。帰国後、書籍や雑誌、広告、企業のメニュー開発など幅広い分野で活躍。現在少人数制のフレンチベースの料理・菓子教室 Osier を主宰。年齢とともに「身体は食べたものでできている」ことを実感し、以前から興味のあった中医薬膳学を学び国際中医薬膳師となる。基本を押さえつつ、自宅での作りやすさと身体にやさしいことを大切にしたレシピを提案。著書に『もちぷるレシピ もちもちぷるぷる食感を楽しむお菓子とデザート 70』(PARCO出版)、『カスタムクレープ & ガレット』(朝日新聞出版)ほか多数。
Instagram　@kumikett

デザイン	TUESDAY（戸川知啓 + 戸川知代）	アイスクリームメーカー提供
撮影	千葉 充	貝印株式会社
スタイリング	伊東朋恵	〒 101-8586　東京都千代田区岩本町 3-9-5
調理助手	江口恵美	0120-016-410（お客様相談室）
編集	本城さつき	http://www.kai-group.com/
編集担当	東明高史（主婦の友社）	

協力
UTUWA
〒 151-0051　東京都渋谷区千駄ヶ谷 3-50-11 明星ビルディング 1F
03-5412-8210

ジェラート、アイスクリーム、シャーベット 完全版（かんぜんばん）

2023 年 5 月 31 日　第 1 刷発行

著　者　　柳瀬久美子（やなせくみこ）
発行者　　平野健一
発行所　　株式会社主婦の友社
　　　　　〒 141-0021　東京都品川区上大崎 3-1-1 目黒セントラルスクエア
　　　　　電話（編集）03-5280-7537　（販売）03-5280-7551
印刷所　　大日本印刷株式会社

・ 本書の内容に関するお問い合わせ、また、印刷・製本など製造上の不良がございましたら、
　主婦の友社（電話 03-5280-7537）までご連絡ください。
・ 主婦の友社が発行する書籍・ムックのご注文は、お近くの書店か主婦の友社コールセンター
　（電話 0120-916-892）まで。
* お問い合わせ受付時間　月〜金（祝日を除く）9：30 〜 17：30
　主婦の友社ホームページ　https://shufunotomo.co.jp/

この本は 2011 年刊の『ジェラート、アイスクリーム、シャーベット』に
32 ページ追加して再構成した増補改訂版です。